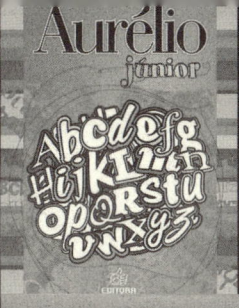

POR TRÁS DAS
PALAVRAS

AS INTRIGAS E DISPUTAS QUE MARCARAM A CRIAÇÃO DO **DICIONÁRIO AURÉLIO,** O MAIOR FENÔMENO DO MERCADO EDITORIAL BRASILEIRO

Copyright © 2020 **Cezar Motta**
Direção editorial: **Bruno Thys** e **Luiz André Alzer**
Capa, projeto gráfico e diagramação: **Renata Maneschy**
Revisão: **Camilla Motta** e **Luciana Barros**
Foto do autor: **Orlando Brito**
Tratamento de imagens: **Sidnei Sales**

Dados Internacionais de Catalogação na Publicação (CIP)
(eDOC BRASIL, Belo Horizonte/MG)

M921p Motta, Cezar.
Por trás das palavras: as intrigas e disputas que marcaram a criação do dicionário Aurélio, o maior fenômeno do mercado editorial brasileiro / Cezar Motta. – Rio de Janeiro, RJ: Máquina de Livros, 2020.
192 p.: foto. ; 16 x 23 cm

ISBN: 978-65-86339-03-1

1. Língua portuguesa – Dicionários – História. 2. Dicionário Aurélio – História. 3. Ferreira, Aurélio Buarque de Holanda, 1910-1989. I. Título – Crônicas. I. Título.

CDD 079.81

Grafia atualizada segundo o Acordo Ortográfico da Língua Portuguesa de 1990, em vigor no Brasil desde 2009

1ª edição, 2020

Todos os direitos reservados à Editora Máquina de Livros LTDA
Rua Francisco Serrador 90 / 902, Centro, Rio de Janeiro/RJ – CEP 20031-060
www.maquinadelivros.com.br
contato@maquinadelivros.com.br

Nenhuma parte desta obra pode ser reproduzida, em qualquer meio físico ou eletrônico, sem a autorização da editora

POR TRÁS DAS **PALAVRAS**

AS INTRIGAS E DISPUTAS QUE MARCARAM A CRIAÇÃO DO **DICIONÁRIO AURÉLIO,** O MAIOR FENÔMENO DO MERCADO EDITORIAL BRASILEIRO

CEZAR **MOTTA**

máquina de livros

*A Moysés Alves da Motta e
Maria Francisca Moura da Motta,
meus pais.*

PREFÁCIO
ao mestre com carinho... e saudade

Por Beto Sales

A avenida era mais que arco, talvez ferradura, ou círculo cortado pela secante Avenida Oswaldo Cruz. A distância entre as casas, coisa de 300 metros, era percorrida pelo menos três vezes por semana por aqueles amigos em suas visitas de reciprocidade afetiva. Um hábito. Avenida Rui Barbosa, porção maior do abraço ao Morro da Viúva, avenida que se deitava sobre a Baía de Guanabara de águas limpas e que dela foi apartada pelo Aterro do Flamengo. Quando a Rui Barbosa curvava em direção a Botafogo, o endereço mudava para Praia de Botafogo. Lá morava o mestre Aurélio. Na Rui Barbosa, meu pai, Herberto Sales.

Quando dei por aqui, por este chão de luta e inaceitação, meu pai e Aurélio já eram muito amigos, e as visitas, recíprocas, rotina espartana. O apartamento do Mestre era no prédio que ficou conhecido como ninho de acadêmicos. Nele morou o escritor Marques Rebello, o educador Anísio Teixeira – cuja morte em um acidente de elevador ainda hoje é cercada de versões conflitantes – e o filólogo e dicionarista Aurélio Buarque de Holanda Ferreira, este, a razão de me encontrar no conduto destas linhas. Talvez tenham outros moradores, mas basta para o que me proponho.

Aurélio era mais que uma pessoa, um evento. Alto, claríssimo, avermelhado, cabelos com o pé sempre se estendendo pela nuca, em contraste com a área calva que avançava sobre o topo da cabeça, Aurélio jamais passaria despercebido por onde circulasse com seu carisma único. Lembro-me dele desde os meus primeiros dias, e, se muitas dessas lembranças são difusas, as dele são luminosas, assertivas.

Nossas famílias se integravam na medida em que famílias diferentes se integram, preservando cada uma o baú de ossos de suas implicações. Minha mãe, Juraci, se tornou grande amiga de Marina Baird Ferreira, para nós simplesmente Marina, mulher do Aurélio e sua ativa colaboradora no projeto do dicionário. Marina guardava uma sofisticação que foi se tornando natural a ela. Exercia sobre o Mestre, bom de prato, um controle rigoroso. Marina o vigiava implacavelmente em sua compulsão por comer sem medo de ser feliz, ou, simplesmente, para ser feliz. Eu e meus irmãos jamais nos tornamos amigos de fato dos filhos de Marina e Aurélio, embora com eles mantivéssemos convívio frequente. Aurelinho, o mais velho, foi ainda muito jovem para a Inglaterra, como recurso que lhe restou para escapar da perseguição torpe da ditadura militar. Maria Luísa era distante.

Aurélio amava nadar. Quando meu pai comprou uma pequena casa em São Pedro da Aldeia, o Mestre se fez frequentador recorrente, e fomos muitas vezes – eu e ele –, à frente do séquito familiar que nos seguiria, à Lagoa de Araruama, cuja água carregadamente salgada permitia que flutuássemos por tempo de não contar e deixássemos nossas almas vagar indolentes sob o céu acachapante da Região dos Lagos, no Rio de Janeiro. No início, viajávamos todos de ônibus. Ou do Rio, pela Viação Satélite, ou – o que adorava, por me fazer pegar a barca – por Niterói, pela 1001. Eram tempos de celebridades contidas. A TV tinha poucos anos, obviamente não havia internet, o rádio eram vozes, apenas vozes.

Viajar com o Mestre era diversão garantida. No verão, invariavelmente de bermuda e camisa brancas, alpercatas à moda franciscana. Aurélio contava histórias e travava com meu pai um delicioso jogo de implicância mútua. Em São Pedro, Aurélio reinava sobre a casa, contando casos, marcando, ainda que pelas intervenções mais singelas, seu brilho solar. Dançava xaxado, cantava os clássicos do cancioneiro popular nordestino. Nas lindas festas juninas do sítio de São Pedro, organizadas por meu irmão Heitor, Aurélio, sempre que Marina baixava as armas na fiscalização, experimentava um a um os quitutes que minha mãe preparava. Aurélio adorava tudo que minha mãe cozinhava, o que só reforça seu acuro em escolher o que é bom, porque a velha era mesmo danada na cozinha.

Tê-lo em casa era estimulante, pois o Mestre, à semelhança da musa de Lupicínio Rodrigues – de quem era admirador, aliás –, iluminava mais a sala que a luz do refletor. Firme feito um centurião, Aurélio guardava uma imponência que trouxe ao anedotário da Academia Brasileira de Letras uma de suas melhores histórias. Vestido com o fardão acadêmico, Aurélio pegou um táxi para ir a uma posse. Ao entrar no carro, ouviu do motorista: "Sois rei?". Se o meu bom amigo e referência mítica já era imponente com bermuda e alpercatas na velha rodoviária de Niterói, de fardão era monárquico como os velhos reis da Europa iluminista.

Intelectual seguro de sua formação, Aurélio era rigoroso com tudo o que consumia. Dono de memória prodigiosa, recitava os clássicos Castro Alves, Bilac, Gonçalves Dias, passando pelos modernos Drummond, Cabral, Bandeira e Goulart, sem se descuidar dos faróis da vanguarda de Leminski, Armando Freitas Filho, Ana Cristina Cesar e outros. Na prosa, deixava a impressão de tudo já ter lido, e, se o Mestre lia, era o suficiente para que guardasse. Leu tudo de fundamental produzido pelos grandes e ainda encontrava tempo para ler seus coetâneos.

Um gigante. Lembro-me de um dia em que, feliz por ter descoberto Machado de Assis e por ele ter gravado algumas coisas, entre elas, um trecho do magnífico "Dom Casmurro", criei a oportunidade de lhe reproduzir de cor parte do primeiro parágrafo, em que o Bruxo do Cosme Velho nos apresenta o impagável José Dias, tio de Capitu, aquele que amava superlativos. Ao fim de minhas três frases franzinas, o Mestre emendou com o teor inteiro do parágrafo. Não me surpreendeu. Fenômeno. Houve época em que, ávido por ler o que me viesse à frente, pedi-lhe uma orientação, e recebi dele um conselho: "Beto, a vida é muita curta para se ler tudo o que importa. Escolha os autores, temas, estilos que lhe agradem. Na dúvida, volte sempre aos clássicos".

Muito se diz que, ao optar pela filologia, o Mestre tenha privado a literatura brasileira de um grande escritor, mas estou certo de que a crítica literária perdeu uma voz excepcional. Implacável vigilante do bom uso da língua, Aurélio se tomava de uma sinceridade cortante ao ser levado a corrigir alguém que, por descuido ou ignorância, cometesse um erro de português. Em qualquer circunstância, gostasse ou não a pessoa, a correção do Mestre vinha formal e pedagógica. Isso lhe custou alguns desconfortos, mas, devo confessar, eu me deliciava. Estive muito próximo dele pelos longos anos em que nossas vidas se cruzaram. Foi meu padrinho de casamento, e me presenteou com sua bondade por todo esse tempo de prazer convivial.

Desde quando guardei dele minhas primeiras lembranças, Aurélio era o dicionarista. Já havia organizado o "Pequeno dicionário", para a Civilização Brasileira, e trabalhava em seu grande projeto, o "Dicionário Aurélio". Sua disciplina intelectual fugia do padrão operário com que é inadequado medir o trabalho intelectual. Não era de bater ponto em seus compromissos formais, mas não por deles negligenciar, pelo contrário. Aurélio se entregava a seu grande projeto com todo o tempo de que dispunha, e até do que não dispunha. Estava sempre pronto a anotar, por mais informal que fosse a conversa, qualquer novidade, o que lhe provocava imediata curiosidade: uma nova gíria, um uso semântico inusual de uma expressão. Era obcecado pela palavra, e, se não a exaurisse, jamais se dava por realizado. Certamente vem daí sua dificuldade em cumprir os prazos dos homens normais e muito da tensão na relação com seus editores.

Quando o amigo Cezar Motta me ligou para dizer que estava escrevendo um livro sobre a história do "Dicionário Aurélio" e comigo bater umas informações sobre o convívio de meu pai com o Mestre, pus-me simultaneamente feliz e ansioso. Feliz por saber um tema tão caro a mim estar entregue nas mãos seguras de um jornalista competente, minucioso, que já havia provado sua capacidade em perscrutar as sub-histórias contidas na hoje referencial biografia do "Jornal do Brasil". E ansioso por ter acesso ao texto. Cezar é um velho companheiro de aventuras e desventuras tricolores: somos torcedores apaixonados do Fluminense.

Dias depois de nossa primeira conversa, recebi honrado – embora apreensivo – a tarefa de fazer o prefácio do livro. "Por trás das palavras" é antes uma biografia do "Dicionário Aurélio", não do autor. O livro conta, sob o cuidado investigativo rigoroso do Cezar Motta, as inúmeras idas e vindas que marcaram com notas épicas a confecção e o lançamento do maior fenômeno editorial brasileiro. Houve interrupções, contratos descumpridos, batalhas judiciais, um enredo romanesco. A confecção de um dicionário é quase sempre resultado de um esforço coletivo, muitas vezes de designação autoral difícil.

Mas, no caso do "Dicionário Aurélio", a relação era tão simbiótica que seria impossível a obra existir sem o autor. O "Aurélio" trouxe a compulsão pela palavra para as camadas populares, para o dia a dia das pessoas. O Mestre levou o dicionário, antes restrito ao uso seletivo, para a intimidade de todos os que tinham por dicionários reverência ou temor. Lia-se dicionário, jogava-se dicionário, consumia-se dicionário. Foram milhões.

Com a transição para o meio digital permitida pelo contrato com o Grupo Positivo, já depois de a obra impressa estar consolidada como um tornado editorial, sua dimensão se amplificou numa escala impensável. Aurélio tornou-se verbete e metáfora de sua própria criação. Seu nome, mito e palavra. O Mestre certamente se viu recompensado, e o destino lhe fez justiça.

Este livro ilumina algumas questões de que sempre me pus distante pelas relações afetivas que mantive com o Mestre e Marina por toda uma vida. Marina e minha mãe ficaram cada vez mais amigas, amizade que se estendeu fortemente a minha irmã, Heloísa. Nossas famílias permaneceram próximas mesmo depois das perdas de Aurélio e de meu pai. Meu testemunho é de alguém que muito próximo dele sempre o viu dedicado à obra de sua vida. Já este "Por trás das palavras" permite um mergulho desemocionalizado na história conturbada da realização do mais importante dicionário brasileiro. A luta pelas fontes de financiamento do projeto, as tentativas frustradas em encontrar um editor, a aposta da Nova Fronteira, o estrondoso sucesso da obra, a amplificação da escala de produção e alcance permitida com a chegada do Grupo Positivo, a longa batalha judicial pela reafirmação da autoria única.

Nada escapa ao escrutínio criterioso do autor. Cezar Motta traz à cultura brasileira uma contribuição de peso, ajudando a entender como foi possível, num país com baixíssimo investimento em cultura – naquela época sem leis de incentivo e com empresários ainda reativos ao retorno institucional do valor agregado à imagem da empresa quando se investe nesta área –, concluir, editar e fazer circular uma obra imensa, com logística complexa, custos diretos de produção elevados e envolvendo várias frentes de trabalho. Via sempre na casa de Aurélio, ou no escritório de trabalho, os mesmos colaboradores, Joaquim Campelo à frente. Testemunhei a luta de Campelo em materializar o sonho do Mestre, o grande dicionário.

Meus olhos de menino, adolescente e adulto sempre estiveram pousados na potente figura de Aurélio como um intelectual imenso, em sua capacidade singular de reunir tanto conhecimento literário, linguístico, etimológico, filológico. Fixei-me em sua obsessão por entender e esgotar a palavra e seus significados, sua permanente inquietação pela dinâmica viva da semântica, enfim, por ser Aurélio, pois só a palavra Aurélio reúne dimensão metafórica suficiente para definir o homem que a tornou verbete e mito.

Na última vez que vi o Mestre, fui com meu pai visitá-lo no hospital, sua derradeira internação. Minado pela luta contra o mal de Parkinson, o Aurélio que estava ali na cama em nada lembrava a vibrante presença do homem que aproximou o brasileiro de sua língua como jamais alguém sonhara fazê-lo. Mal balbuciava muxoxos guturais. De súbito, entra no quarto a médica que vinha acompanhando seu delicado quadro daqueles dias, e triunfalmente cumpre à risca o rito de mostrar bom humor diante de nossa patética impotência: "Grande Mestre, eu vim aqui só pra lhe ver!". Aquele uso errado da transição do verbo "ver" era a centelha para saber se de fato o Mestre ainda guardava com o nosso mundo algum elo. Olhei para a cama e vi Aurélio se retorcer com incrível dificuldade, seu tronco e braços enrijecendo como a preceder um movimento brusco que lhe seria impraticável, sua boca abrir além do que a letargia da doença lhe permitia, e num esforço brutal sussurrar: "Vê-lo, vêêê-lo".

Aurélio em estado bruto. Ainda que sob a ameaça próxima da morte, manteve-se fiel e vigilante curador da língua que o consagrou como seu maior dicionarista.

Fiquem agora com o magnífico trabalho de Cezar Motta. Boa leitura.

I.
ausência

[Do latim *absentia*.]

S. f. **1.** Afastamento, apartamento: *A sua longa ausência deixa-nos pesarosos.* **2.** Falta de comparecimento; falta: *Na reunião comentou-se muito a sua ausência.* **3.** Carência, inexistência, falta. **4.** *Jur.* Desaparecimento da pessoa do seu domicílio, sem deixar ou dar notícia do seu paradeiro e sem deixar representante para zelar pelos seus interesses. **5.** *Psiq.* Lapso de memória; falha do raciocínio.

A noite da sexta-feira 11 de julho de 1975, no Rio de Janeiro, foi o ponto mais alto da carreira de um dos dois grandes filólogos brasileiros. Um alagoano que tinha então 65 anos e cujo nome, a partir daquele momento, tornaria-se sinônimo de dicionário: "Vou consultar o Aurélio", passou-se a dizer nos escritórios, nas escolas, em casa, nas redações de jornais, em todo lugar em que surgisse uma dúvida sobre o significado ou a grafia de uma palavra.

Mas Aurélio Buarque de Holanda Ferreira começou a ganhar prestígio como dicionarista duas décadas antes. Foi quando assumiu, em 1951, a condição de revisor principal do "Pequeno dicionário brasileiro da língua portuguesa". Ou "Pretinho", como era chamada por causa da cor da capa a publicação da Editora Civilização Brasileira, lançada originalmente em 1938.

Aurélio já integrava a equipe do "Pequeno dicionário" desde a terceira edição, quando começou a cuidar da parte denominada "Brasileirismos". O convite partiu do poeta Manuel Bandeira, que queria se desligar da tarefa por causa da vista cansada e da tuberculose que não lhe permitiam mais trabalhar com as pequenas letras dos verbetes. Aos poucos, Aurélio começou a se envolver com outros temas do dicionário, acrescentando inúmeras palavras de uso geral. Até se tornar o principal revisor.

Mas o cargo não era suficiente para Aurélio, que mais tarde renegaria o "Pequeno dicionário" e passaria a sonhar com um de sua autoria exclusiva. Seu grande modelo era o norte-americano "Webster", até hoje o maior dicionário de língua inglesa, publicado pela primeira vez em 1828, e que estabeleceu um padrão para o inglês falado e escrito nos Estados Unidos. Sonhava também com uma versão do britânico "Oxford" para o português falado no Brasil.

Por isso, aquela noite do inverno carioca de 1975 tornava-se histórica. Quase toda a intelectualidade do Rio compareceu à Livraria Cobra Norato, de Carlos Lacerda, na Rua Visconde de Pirajá 111, loja 6, em Ipanema, bem próxima à Praça General Osório. Era o lançamento oficial do "Novo dicionário da língua portuguesa", de Aurélio Buarque de Holanda, conhecido pelos amigos e admiradores como O Mestre.

O livro já circulava desde março, aproveitando o início do ano letivo. Mas o lançamento formal, com a noite de autógrafos, ficou para julho. Quem cuidou da organização do evento foi a jornalista Gilsse Campos, ex-repórter do "Jornal do Brasil", que seria depois apresentadora dos programas "Sem censura", na TV Educativa, e "Canal livre", na Bandeirantes. Gilsse era divulgadora da Editora Nova Fronteira e amiga de longa data do Mestre Aurélio. Estavam lá desde os intelectuais e artistas mais badalados, boêmios e festeiros da cidade, como Millôr Fernandes, Fernando Sabino, Ziraldo, Paulo Mendes Campos, Lêdo Ivo, Antonio Carlos Villaça, Otto Lara Resende e Walter Clark, até o pessoal mais recolhido, avesso a festas e lançamentos, como Rubem Braga, Carlos Drummond de Andrade e Paulo Rónai.

Um ano antes, os jornais do Rio e de São Paulo já vinham anunciando o projeto do dicionário, tido como o maior e mais ambicioso já elaborado no idioma português/brasileiro. A nossa versão do "Webster". A obra já nasceu com o epíteto de "Aurélio", assim como "Webster" era, na prática, sinônimo de dicionário inglês. Mas o próprio "Aurélio" nunca apresentou o nome do autor como verbete, com o significado de dicionário. Nem na primeira edição, nem nas que se seguiram. "Seria pernóstico e pretensioso", justificava-se.

Nem mesmo o outro magistral dicionário da língua portuguesa, o de Antônio Houaiss, lançado 26 anos depois, em 2001, registra Aurélio como dicionário. O carioca Antônio Houaiss, cinco anos mais jovem que Aurélio Buarque de Holanda, era o outro grande filólogo brasileiro, reconhecido pela Academia Brasileira de Letras e pelos escritores. Segundo Mauro de Salles Villar, braço direito de Houaiss, "o uso de 'Aurélio' como significado de dicionário é, na verdade, uma metonímia".

No dia do lançamento em 1975, bem ao lado da coluna "Informe JB", a Nova Fronteira publicou o anúncio, cercado de fios:

Novo Dicionário Aurélio
Finalmente o Mestre Aurélio Buarque de Holanda autografa o seu Novo Dicionário da Língua Portuguesa. Hoje, às 20 horas, na Cobra Norato, a livraria de Ipanema - Rua Visconde de Pirajá, 111, loja 6.

Ipanema já ocupava, desde a segunda metade dos anos 60, o lugar lendário que pertenceu a Copacabana como o bairro dos sonhos no Rio de Janeiro. A especulação imobiliária nos anos do "milagre econômico" (entre 1969 e 1973) foi explosiva, com crescimento de 10% ao ano da economia brasileira, e Ipanema seria invadida pelas classes A e B. Mas a fama do bairro se consolidou com a canção "Garota de Ipanema", de Tom Jobim e Vinicius de Moraes, o lançamento do semanário "O Pasquim" em 1968 e o

VERBETE
Aurélio nunca registrou seu nome como sinônimo de dicionário

surgimento da Feira Hippie na Praça General Osório. Um pequeno paraíso: moderno, charmoso, frequentado pelas pessoas mais interessantes da cidade, o centro cultural do Brasil. A Praia de Ipanema nas manhãs de domingo era uma das caixas de ressonância do país. As noites fervilhavam em bares e restaurantes.

O Rio teve naquele 11 de julho de 1975 uma temperatura amena, típica do inverno carioca: máxima de 27 graus em Bangu, mínima de 11 no Alto da Boa Vista. Em Ipanema, agradáveis 25 graus, o que permitia a previsão de praia cheia no fim de semana. As principais manchetes do dia eram internacionais: depois da

Revolução dos Cravos do ano anterior, Portugal parecia caminhar para uma guerra civil, com o avanço do Movimento das Forças Armadas (MFA) e do Conselho da Revolução. O MFA e o Conselho, tomados pelo Partido Comunista e pelas forças radicais de esquerda, isolaram os partidos e começaram a expulsá-los do governo.

Outro assunto era a iminência de um dos golpes de estado mais violentos da América Latina, que derrubaria na Argentina a presidente María Estela Martínez de Perón, a ex-dançarina de cabaré Isabelita. A inflação anual estava em 110%. Isabelita era a viúva e ex-vice do general Juan Domingo Perón, incapaz e totalmente controlada pelo ministro do Bem-estar Social, o "bruxo" José López Rega, e pelo ministro da Economia, Celestino Rodrigo, ambos escancaradamente corruptos. López Rega havia criado a AAA, Aliança Anticomunista Argentina, e implantado um clima de terror no país. O golpe militar no ano seguinte, amplamente previsto, seria sangrento e devastador.

No Brasil, o general Ernesto Geisel prosseguia com a abertura lenta e gradual do regime militar, mas houve o temor de que o descolamento de retina do olho esquerdo do seu chefe do Gabinete Civil, general Golbery do Couto e Silva, atrapalhasse o projeto. A ameaça da inflação era controlada rigidamente pela Superintendência Nacional de Abastecimento e Preços, a Sunab, desde os preços do litro do leite, da carne, do arroz e do feijão até o da água mineral em vários tamanhos. Os jornais anunciavam para setembro um aumento de 12% no valor da gasolina. O primeiro choque do petróleo, em 1973, tinha acabado com o "milagre econômico", elevado dramaticamente o preço do combustível e criado o fantasma da inflação descontrolada.

A posse de Geisel, em março de 1974, trouxera esperança de uma real volta à democracia. O governo eliminou a censura prévia aos jornais e revistas e permitiu a propaganda política da oposição na TV, o que levou a Arena, o partido do governo, a 16 derrotas para o Senado nas eleições de 15 de novembro de 1974. Em junho de 1975, Geisel assinou um acordo nuclear com a Alemanha para a construção de oito reatores atômicos até 1990. Um velho tratado militar com os Estados Unidos foi rompido, e o Brasil seria o primeiro país a reconhecer os novos governos de esquerda das ex-colônias portuguesas na África e a votar na ONU a favor de um Estado Palestino. Mas a ditadura continuava firme, e a linha-dura militar sabotava internamente o projeto de abertura.

Mesmo com um liberal clássico no Ministério da Fazenda, Mario Henrique Simonsen, o governo reagiu à crise do petróleo com um forte investimento do Estado na economia e um grande endividamento externo, com juros flutuantes de mercado, em dólar. As consequências chegariam na virada da década, quando os juros nos Estados Unidos subiram a inéditos 20%.

Com a decretação do fim da censura prévia, começaram a aparecer nos jornais e revistas as notícias alarmantes sobre a epidemia de meningite, assim como os escândalos de corrupção na Previdência Social (milhares de marinheiros e soldados mortos na Segunda Guerra continuavam recebendo soldos), no Departamento Nacional de Estradas de Rodagem e no financiamento de empresas por bancos públicos. O maior escândalo veio com os empréstimos do Banco do Estado de Pernambuco ao Cotonifício Moreno, uma fábrica de tecidos fundada por belgas em Jaboatão dos Guararapes, na periferia de Recife. As facilidades ilegais foram intermediadas pelo senador arenista Wilson Campos, que logo teve o mandato cassado com base no AI-5.

No Rio, havia ainda um clima de surpresa com o fim do Estado da Guanabara, que Geisel decidira fundir com o antigo Estado do Rio. O almirante Faria Lima, governador nomeado, tomou posse com um discurso agressivo contra a corrupção que, aos olhos gerais, era representada pelos governadores afastados Chagas Freitas (GB) e Raimundo Padilha (RJ). Mas a Cidade Maravilhosa ainda fervia, apesar dos preocupantes sinais de decadência que já se vislumbravam, principalmente com a crescente divisão social entre os gigantescos prédios erguidos pela especulação imobiliária e as favelas. Os quebra-quebras dos trens suburbanos eram quase diários quando o "Novo dicionário da língua portuguesa" foi lançado. Com atrasos de até três horas nos momentos de pico, a revolta popular resultava em vagões depredados frequentemente.

Em 11 de julho de 1975, as melhores opções de teatro e cinema não estavam em Ipanema. Ali perto da Livraria Cobra Norato, na mesma Visconde de Pirajá, número 395, o Cinema Bruni Ipanema exibia "O caçador de fantasmas", de Flávio Migliaccio, uma continuação de "Aventuras do Tio Maneco", enquanto no Cinema Pirajá, no número 303, a atração era "O Trapalhão na Ilha do Tesouro", de JB Tanko, com Renato Aragão. As melhores películas estavam nos chamados cinemas de arte: "Os boas-vidas", de Fellini, no Cine Joia da Avenida Nossa Senhora de Copacabana; "A noite do espantalho", de Sérgio Ricardo, no Cinema 1 da Avenida Prado Júnior, também em Copacabana; e o filme tcheco "Um dia, um gato", de Vojtech Jasny, no Studio Paissandu, no Flamengo.

Em matéria de peças e shows, havia boas opções no entorno de Ipanema. Chico Buarque e Maria Bethânia tinham acabado de estrear uma temporada que iria até novembro no Canecão, em Botafogo, e que renderia um elogiado disco ao vivo. O Teatro Opinião, em Copacabana, reapresentava o histórico show "Opinião", de Oduvaldo Vianna Filho, desta vez com Marília Medalha no lugar de Nara Leão, mas ainda com Zé Keti e João do Vale. E Fernanda Montenegro e Fernando Torres encenavam uma nova montagem no Teatro Glória da premiada comédia "A mulher de todos nós", do francês Henri Becque, com tradução de Millôr Fernandes – mas o crítico Yan Michalski, do "Jornal do Brasil", não gostou: escreveu que a peça não estava à altura de nenhum dos envolvidos, e que era "um gratuito desfile de modas", "um espetáculo malfeito".

* * *

No dia 18 de abril de 1974, o "Informe JB", a então prestigiosa coluna do "Jornal do Brasil", anunciava finalmente a assinatura de contrato com a Editora Nova Fronteira para a publicação do "Novo dicionário da língua portuguesa", que deveria sair com cem mil exemplares e 120 mil verbetes. Em 7 de novembro daquele ano, Aurélio finalmente concordou em falar sobre a obra em uma entrevista para o "Caderno B". A capa trazia o título "Enfim, o 1º dicionário" e o texto descrevia o Mestre como um homem "de cabelos grisalhos, olhos claros, rosto largo, gestos abertos e francos que acompanham o entusiasmo de uma fala carregada de sotaque nordestino".

Sim, Aurélio era um homem de muitos amigos, expansivo, sedutor, espirituoso, falante, cheio de histórias, que contava com riqueza de gestos e voz alta. Um hedonista, na definição de alguns, um exagerado, que gostava de comer muito, de beber e conversar durante horas madrugada adentro, e de acordar tarde. Um personagem rabelaisiano, como o descrevia o escritor Antonio Carlos Villaça. Um incansável contador de histórias do Nordeste, da literatura, das palavras e da vida. Aurélio prestava atenção em quem conversava com ele como se fosse a única pessoa no mundo, o que era encantandor, segundo as irmãs Cora e Laura, filhas do dileto amigo Paulo Rónai.

JORNAL DO BRASIL
Na edição de 7 de novembro de 1974, Aurélio falou pela primeira vez sobre o dicionário, que seria lançado no ano seguinte

A entrevista ao "Caderno B" somava à descrição física e da personalidade do autor a informação de que "só agora, na verdade, Aurélio Buarque de Holanda vai publicar o seu primeiro trabalho de lexicografia. Foram cinco anos de trabalho exaustivo". E mais: "Discorre com amor, um amor de poeta, porque é um sonhador, além de lexicógrafo, filólogo, professor, escritor, advogado e membro da Academia Brasileira de Letras". Aurélio não permitiu fotos na entrevista, alegando que não se barbeara, e a reportagem foi ilustrada com uma charge do autor.

No dia seguinte à publicação da entrevista, em 8 de novembro, a Editora Nova Fronteira anunciava que a equipe A Casa do Desenho, formada por Gian Calvi e Raul Rangel Filho, vencera o concurso instituído para a capa do dicionário - amarela e branca, com várias letras sobrepostas. O projeto de Calvi e Rangel Filho foi o escolhido entre 94 outras propostas, e os autores receberam como prêmio três mil cruzeiros e uma viagem de nove dias a Miami. A premiação em dinheiro equivalia a mais ou menos seis salários mínimos da época. Os jurados foram Cláudio Rubens Fornari, João Condé, José Alberto Gueiros, Remy Gorga, filho e Eugênio Hirsch.

Em 8 de março de 1975, com os primeiros exemplares recém-saídos do prelo, uma nova reportagem do "Jornal do Brasil" anunciava: "O 'Novo dicionário' é o grande lançamento desta abertura de ano letivo e caracteriza a vitalidade do movimento editorial brasileiro". A matéria exaltava a qualidade gráfica da obra: "Seu formato é grande (28x21cm), seu papel, sueco e branco, e seu tipo legível muito bem impresso". O texto acrescentava que o dicionário saía justamente no ano do décimo aniversário da Editora Nova Fronteira, fundada por Carlos Lacerda.

A Nova Fronteira foi criada em 1965, quando a ditadura militar preparava o Ato Institucional nº 2, que instituiu o bipartidarismo (com Arena e MDB) e tornou indireta as eleições presidenciais marcadas para aquele ano. Se houvesse eleição, o próprio Lacerda, governador do então Estado da Guanabara, teria sido o candidato a presidente pela UDN, possivelmente contra Leonel Brizola, do PTB (se conseguisse provar na Justiça que "cunhado não é parente"), e Juscelino Kubitschek, do PSD, ambos já então com os direitos políticos cassados.

O lançamento do "Novo dicionário" foi anunciado pelos grandes jornais do Rio e de São Paulo. Mas nenhum veículo deu tanto destaque à publicação quanto o "JB", no qual Aurélio tinha muitos amigos, assim como o jornalista Joaquim Campelo, seu principal colaborador e personagem decisivo na busca por uma editora. Isso sem falar que a Nova Fronteira era uma editora do Rio, cidade onde Aurélio se radicara.

O redator do jornal, escritor e crítico literário Hélio Pólvora, em sua coluna no "Caderno B", destacava o fato de o dicionário se esmerar nas "abonações": as citações de autores clássicos e modernos, desde o século XVI, que confirmavam e legitimavam os significados atribuídos aos verbetes. As descrições, surpreendia-se Hélio, eram detalhadas, como a do verbete *morcego hematófago*, o que bebe sangue: "Têm dorso acanelado e ventre cinzento-amarelado, 24 dentes e um só par de incisivos".

O Mestre explicou que teve 120 colaboradores em cerca de 140 matérias especializadas, em todos os estados brasileiros, a fim de destacar as expressões locais, os regionalismos. Gente com autoridade reconhecida em temas como alfaiataria, moda, futebol (três colaboradores), brinquedos, novidades tecnológicas dos anos 70, gírias, estrangeirismos. O verbo *abrir*, por exemplo, tinha 30 definições diferentes na obra de referência daqueles tempos, o dicionário de Laudelino Freire. O "Aurélio", porém, encontrou mais de 120 significados para o verbo. O mais novo deles tinha a ver com a abertura política iniciada pelo então presidente, o general Ernesto Geisel, que assumira em 1974. O "Aurélio" trazia definição para *algo*, mas não para *algures* ou *alhures*, palavras que considerou em desuso.

Na mesma edição do "JB" de 8 março de 1975, no suplemento "Livro", o gramático Adriano da Gama Kury informava que eram 1.536 páginas, no tipo (letra) Times Roman, em corpo (tamanho) sete, com entradas (início de parágrafo) em corpo oito em negrito. Havia três colunas por página. Os homônimos tinham entradas separadas, como se pode explicar pela primeira palavra da obra: *aba 1*, com 12 significados; e mais *aba 2* e *aba 3*, por exemplo. O "Aurélio" trouxe novidades, como *abelha-africana, abilolado, anúncio-sanduíche, aqualouco, argumentista, astronáutica, ciclo básico, cineclube, cinemateca, correção monetária, cursilho, curtição*. Todas elas, na época, criadas havia menos de 15 anos, e algumas hoje esquecidas e até abandonadas neste século XXI. *Correção monetária*, por exemplo, era um conceito introduzido no país havia apenas dez anos pela profunda reforma econômica e financeira promovida pela dupla de economistas liberais Roberto Campos e Octávio Gouvêa de Bulhões, no primeiro governo do ciclo militar, o do marechal Castello Branco. O Mestre recomendava o uso do gentílico *acriano*, em vez de "acreano"; o tempo verbal *apiedo-me*, em vez de "apiado-me", diferentemente da norma culta de então. Ele se baseava na abonação de escritores consagrados e na preferência pelo coloquialismo. "Apiado-me" seria um pernosticismo insuportável.

O "Aurélio" também foi o primeiro dicionário a tratar em suas definições do que, em direito de propriedade, chama-se "degradação da marca". É o fenômeno popular que adota uma marca registrada de produto como sinônimo do próprio produto. Assim, a palavra *gilete*, por exemplo, já é definida pelo Aurélio como:

> *1) Nome registrado de determinada lâmina de barbear; 2) Qualquer lâmina desse tipo: "Seu Raul saiu do banheiro com o rosto ensaboado, e gritou para a mulher: - Eufrosina, cadê a gilete que eu deixei aqui no banheiro?" (Herberto Sales, Histórias Ordinárias, página 63); 3) O aparelho que serve para sustentar essa lâmina em posição própria para ser utilizada; 4) Indivíduo sexualmente passivo e ativo.*

Na mesma edição do "JB" em que escreveram Hélio Pólvora e Adriano da Gama Kury, assinaram artigos outros intelectuais como Paulo Rónai, Josué Montello, Barbosa Lima Sobrinho e Antonio Carlos Villaça, colunista do jornal. Paulo Rónai, amigo fraterno do Mestre desde que chegara ao Brasil como imigrante húngaro fugido da guerra, disse que Aurélio vivia em função de dicionários, era um obcecado pelas palavras e seus significados, e que o lançamento se constituía em "um sonho tornado realidade". Ele lamentou apenas que a obstinação por palavras e dicionários tenha prejudicado a carreira de ficcionista de Aurélio. Rónai foi colaborador do dicionário na especialidade "palavras, locuções, frases feitas e provérbios de uso universal".

O escritor maranhense Josué Montello opinou da mesma forma: "É preciso acentuar que o dicionarista, em Aurélio, corresponde a uma opção, em prejuízo dos demais pendores de sua vocação literária: ele teve de esquecer o crítico, o contista, o ensaísta, para se consagrar à mais exaustiva das tarefas – àquela que, no dizer de Andrieux, no dístico posto à entrada do 'Novo dicionário da língua portuguesa', leva a esta situação paradoxal: enquanto os autores aspiram ao elogio, os lexicógrafos só aspiram a escapar às censuras".

Nunca um dicionário fora tão didático, tão detalhista, tão cuidadoso em suas definições e explicações. Adriano da Gama Kury tomou como exemplo o vocábulo *edição*. O "Aurélio" citava quatro acepções para a palavra, além de 13 expressões, como *edição abreviada, edição anotada, edição crítica, edição fac-similar* etc. O Mestre explica cuidadosamente por que o verbo *assistir* fora classificado, da mesma forma, como transitivo direto, no sentido de "estar presente": "Nota-se no Brasil viva tendência para o emprego do verbo em tal acepção". E dá o exemplo de "assistir a reunião", com abonações de José Sarney, Osman Lins, L. Lavanère e Raul de Leoni. Kury prossegue em seu artigo no "Jornal do Brasil": "É o tira-teimas (a expressão foi por ele dicionarizada), ou desmancha-dúvidas (esta virá certamente na próxima edição), como roteiro, um guia ou elucidário, que se deve ter ao alcance da mão".

Era o primeiro dicionário a se esmerar em definições de palavras científicas, mas sem o jargão acadêmico – na verdade, ao alcance de qualquer leigo. No total, o trabalho citava 770 autores em suas abonações, com 1.610 obras utilizadas no dicionário.

Aurélio informava em seu prefácio que foram corrigidos muitos equívocos ("cochilos", como escreve) do Vocabulário Ortográfico de 1943, alguns deles repetidos em dicionários anteriores. Por exemplo, *rigeza* (de rijo, e não de rígido, embora tenha eliminado a palavra nas impressões seguintes), *retratibilidade* (de retrátil, e não de retratível, inexistente). A obra também põe números de série para explicar a diferença entre homônimos. *Acorde 1*, do substantivo francês *accord* (acordo, pacto), e *acorde 2*, do verbo acordar. Há inúmeros casos em que as diferenças de significado assim são explicitadas em palavras homônimas. Há palavras com até cem sinônimos, como *meretriz*, *cachaça* e *diabo*. Sem contar a fartura de antônimos e parônimos.

Antes da grande noite de julho no Rio, porém, houve um lançamento frustrado em Maceió, no dia 12 de maio de 1975. Os exemplares não chegaram a tempo, e a festa se resumiu a um discurso em que Aurélio revelou a origem de sua paixão pelas palavras: quando era menino, mergulhou em velhos dicionários em busca de definições e explicações para palavrões e expressões relativas a sexo. O Mestre não conseguiu terminar o discurso. Ao pronunciar o nome de seu estado, Alagoas, caiu em um choro emocionado diante do governador Divaldo Suruagy e de um grupo de amigos escritores.

* * *

O "Novo dicionário da língua portuguesa" foi um sucesso. Rapidamente vendeu 30 mil exemplares e se tornou obrigatório nas redações de jornais, nas bancas de advocacia, nas escolas, nas faculdades, nos cursinhos, nas mesas de trabalho de escritores consagrados ou anônimos e nas residências onde houvesse estudantes ou adultos habituados à leitura. O "Aurélio" se fez presente até mesmo na mesinha de cabeceira da então jovem atriz, modelo e poetisa Bruna Lombardi: "Dormi muitas vezes com ele", contou Bruna à revista "Veja", em reportagem publicada na edição de 7 de janeiro de 1987. Outros leitores fiéis eram o comediante Renato Aragão, o jornalista Joelmir Beting, o colunista Ibrahim Sued e o escritor Marcos Rey, que o consultava tanto que destruía seus exemplares em menos de um ano, pelo excesso de manuseio. Um dicionário transformado em best-seller. Até o começo do século XXI, haviam sido vendidos mais de 15 milhões de exemplares, quantidade inimaginável para qualquer gênero de livro no Brasil.

FENÔMENO
Capa da "Veja" em janeiro de 1987, quando foi lançada a segunda edição: 42 semanas na lista dos mais vendidos

Como estava disponível nas melhores livrarias das grandes cidades, três meses antes da noite de autógrafos, na edição de 9 de abril de 1975 da "Veja", o dicionário estreou em sétimo lugar na lista dos dez livros brasileiros mais vendidos da semana. O líder era "Fazenda modelo", de Chico Buarque. O "Novo dicionário" permaneceu na lista por 42 semanas, até a edição de 28 de janeiro do ano seguinte, que tinha "Feliz ano novo", de Rubem Fonseca, na primeira posição. Depois de excluído da lista, porém, continuou por duas décadas como um dos maiores sucessos editoriais do país.

O "Aurélio" chegou às livrarias como um cartapácio de 3,03 quilos, 1.536 páginas e ao preço equivalente hoje a R$ 120 *(esta e todas as atualizações de valores foram feitas com base no Índice Geral de Preços, da Fundação Getúlio Vargas)*, contra cerca de 200 ou 300 gramas de livros "comuns" lançados no mesmo ano, como a quarta edição de "O vampiro de Curitiba", de Dalton Trevisan, 153 páginas, R$ 85; "Zero", de Ignácio de Loyola Brandão, 300 páginas, R$ 60; ou o próprio "Feliz ano novo", de Rubem Fonseca, 113 páginas, R$ 60.

* * *

Mas na concorrida noite de autógrafos na então bela, vibrante, boêmia, segura e sofisticada Ipanema houve uma ausência importante. Aquele que lutou pela publicação do dicionário e que praticamente forçou Aurélio a assumir o compromisso de pôr a mão na massa e executar a obra de uma vida; que trabalhou durante uma década para que o projeto se tornasse realidade; o idealista que buscou recursos para a edição, que gastara seu próprio dinheiro em alguns momentos para garantir o pagamento da equipe (inclusive do próprio Aurélio); e que, finalmente, havia conseguido seduzir a Nova Fronteira, mesmo diante das dúvidas do proprietário e fundador, o ex-governador Carlos Lacerda: "Esse dicionário vai custar muito caro e pode quebrar a nossa editora", dissera Lacerda.

A ausência sentida por alguns naquela noite de autógrafos era a do jornalista maranhense Joaquim Campelo Marques, então com 44 anos. Ele ficou preso ao trabalho de redator no "Jornal do Brasil", na Avenida Brasil 500, em São Cristóvão, e só poderia sair depois da meia-noite. Sexta-feira havia o chamado "pescoção", o trabalho dobrado porque, além da edição de sábado, a redação tinha que adiantar também boa parte do jornal de domingo, por razões industriais.

Campelo começara a luta pela publicação do dicionário mais de dez anos antes. Trabalhava e convivia com Aurélio há duas décadas, coordenara a equipe, mas, fundamentalmente, cuidara de toda a estrutura física e logística, dos prazos, da busca de financiamento e, finalmente, da publicação do dicionário - que resultou na celebração naquela noite na Livraria Cobra Norato. O sonho era de Aurélio, mas Campelo o incorporou e o materializou, em um incansável e obstinado trabalho.

* * *

Antes mesmo do lançamento oficial, o dicionário "Aurélio" se tornou assunto obrigatório nos meios literários e jornalísticos.

Na primeira semana de abril de 1975, "O Pasquim", no auge do prestígio, publicou uma entrevista com Aurélio em que ele respondeu à maioria dos comentários sobre sua carreira e características – inclusive às críticas que lhe faziam de atrasar a entrega de trabalhos.

O semanário "O Pasquim" era um sucesso de vendas desde junho de 1969, quando estreou com uma entrevista com o colunista Ibrahim Sued, que se definia como um "imortal sem fardão". Trazia como novidades a linguagem coloquial ao extremo (com a censura, os palavrões foram substituídos por asteriscos), a sátira política e de comportamento, e a crítica aberta à ditadura,

O PASQUIM
Na foto que abre a entrevista, publicada em abril de 1975, Aurélio aparece ao fundo. À frente, a silhueta do amigo Millôr Fernandes

que vivia seu período mais duro e cruel, com o Ato Institucional nº 5. A entrevista mais polêmica e que tornou "O Pasquim" um recordista de vendas e tema recorrente em qualquer conversa foi com a atriz Leila Diniz, em novembro de 1969. Até a segunda metade dos anos 70, havia dois jornais obrigatórios nas praias do Rio: o "Jornal do Brasil", com seu amplo e variado cardápio temático, e "O Pasquim", com a atualização dos assuntos sob o ponto de vista do deboche.

Quem convidou Aurélio para a entrevista foi seu velho amigo Millôr Fernandes, também brilhante tradutor e filólogo. O Mestre compareceu à redação do "Pasquim" por volta das 20h de um dia de semana, com as provas (exemplar impresso apenas para revisão) embaixo do braço. Queria que os entrevistadores dessem uma vista d'olhos antes das perguntas. Eram eles Millôr, Ziraldo, Jaguar e o professor, escritor e pesquisador goiano Carmo Bernardes. Sobre a mesa, como de praxe nas entrevistas do semanário, uma garrafa de uísque JB, gelo e água. A conversa durou quase a noite inteira. As fitas cassete operadas pelo norte-americano naturalizado brasileiro Ricky Goodwin (que também fazia as degravações) acabaram, o que era raro acontecer, e a garrafa de uísque secou, o que era normal. A abertura foi escrita por Millôr Fernandes:

> *Conheci Aurélio Buarque de Holanda Ferreira nas rochas de Nínive, há duzentos e oitenta mil e sete anos. Aurélio "Cabeleira" – ainda a tem e basta (Aurélio, olha aí a dubiedade) – era moço e não sabia. Sempre com um punhado de livros embaixo do braço, sempre falando e gesticulando com vigor, era uma figura estimada e temida na redação de "O Cruzeiro". Estimada pela sua natural*

afetuosidade, temida pela sua insuportável sabedoria, sobretudo linguística. Alto e alourado, sua entrada na redação era sempre mais ou menos turbulenta, embora rigorosamente gentil, educada, até mesmo exageradamente educada. Essas qualidades, Aurélio as conservou e, vejo agora, nesta palestra, amadureceu e aprofundou. Não teve, durante todo o tempo da entrevista – quatro horas, as fitas tendo acabado e a discussão final se perdido para a história – nem uma sombra remota, sequer um halo de irritação diante das minhas contínuas provocações de leigo atrevido. A curiosa impressão que Aurélio me deu, depois de uma noite inteira de conversa, foi de que ele é, acima de tudo, um homem bom. Eu não disse bonzinho, não – eu disse bom. Ao fundo, na entrevista, Marina, mulher de Aurélio, que o tempo embelezou.

Ao longo do tempo, as fotos da entrevista se perderam, como as de todas as outras. O fotógrafo oficial do "Pasquim", Walter Ghelman, adoeceu, e a maioria dos negativos das imagens das entrevistas desapareceu. Assim como as fitas gravadas por Ricky Goodwin, hoje um pacato morador da Ilha de Paquetá, na Baía de Guanabara.

Millôr disse, durante a entrevista, que "ter um dicionário com o seu próprio nome é uma glória que ninguém pode atingir aos 20 anos de idade", e que "produzir um dicionário era mesmo um trabalho para alguém velho, com uma grande bagagem cultural e existencial". Aurélio respondeu que não sabia se era exatamente uma glória, mas que o trabalho de dicionarista "é único":

Com 20 anos de idade, pode-se escrever grandes poemas, como

Rimbaud, mas não um dicionário. Eu costumava dizer a algumas pessoas que quiseram ser meus assistentes que para trabalhar em dicionário é preciso duas coisas: 1) ser muito vivo, inteligente; 2) ser um bocado burro. Se você for violentamente inteligente, parte com muita sede ao pote e não faz nada. As palavras são muito ariscas. A significação das palavras escancara de um momento para outro. Quando você vê, entrou lá dentro, e a palavra tragou você. E não se consegue captar a essência daquilo, que é uma coisa misteriosa. Tem que ter serenidade, um pouco de inteligência e um pouco de burrice.

Aurélio explicou que, quando se trabalha em um verbete, mergulha-se em memórias, lembranças afetivas da infância remota e da juventude, "em busca de um rio, uma ponte, um pássaro que passa pelos ares. É a poesia mais disparatada, no sentido de que é feita com elementos desconexos". O trabalho de dicionarista é "complexo, sutil, requer muitos anos de experiência e muita sensibilidade, além de olhos e ouvidos atentos". E o Mestre citou uma conversa com um amigo a quem admirava de forma exponencial:

Um dos homens mais inteligentes que o Brasil já teve, Aníbal Machado (contista mineiro, pai da diretora de teatro e escritora Maria Clara Machado e autor de "A morte da porta-estandarte", "Viagem aos seios de Duília" etc), uma vez encontrou-se comigo (nessa época eu ainda não trabalhava no dicionário) e disse: "Você já viu coisa mais poética do que um dicionário?". Dicionário é poesia, com os elementos impuros que toda grande poesia tem. Só a grande, porque a pequena poesia é requintada.

Duas perguntas não poderiam faltar, e vieram de Ziraldo. A primeira, sobre o famoso perfeccionismo do Mestre, que levava a atrasos nos prazos estabelecidos pelas editoras.

Ziraldo – O senhor fica namorando um verbete por vários dias?
Aurélio – Eu trabalho com uma equipe. O grosso das palavras da língua já está dicionarizado. Mas trazem aquilo, eu oriento, refazem, e eu faço a revisão, altero, modifico, às vezes faço voltar. De grande número de palavras, eu mesmo fiz o verbete. Por outro lado, há as palavras que vão aparecendo nos jornais. Muitas palavras como "curtir" não podem ser definidas imediatamente, porque exigem mais cuidado. Eu fiz três ou quatro revisões do livro. Houve palavras que só coloquei na quarta revisão. Palavras que não são muito correntes, ou você não está iluminado na hora e deixa para depois, para um momento melhor. Pegar uma palavra no ar e defini-la não é fácil.

Ziraldo perguntou ainda se o trabalho penoso e difícil de dicionarista atrapalhou a vocação natural que Aurélio teria para a ficção, como já havia demonstrado no elogiado conto "O chapéu de meu pai", publicado em 1942:

Não digo que atrapalhou. Atrapalhar traz uma conotação pesada, como se eu estivesse arrependido. Vamos dizer: obstou. Fiz alguns contos. Depois, achei que podia realizar uma aventura um pouco maior com esse dicionário. Me realizo nele e acho que estou bem. O escritor não serve apenas à sua glória, deve servir também aos outros.

Em 1985, a escritora, artista plástica e jornalista Marina Colasanti convidou Aurélio para o programa "Sem censura", que apresentou por breve tempo ao vivo na TV Educativa, dividindo a mesa com Gilsse Campos. O Mestre se empolgou com uma pergunta e engrenou uma resposta sem fim, bem ao seu estilo. Gesticulava, explicando que a sua palavra favorita na língua portuguesa era "libélula", porque lembrava coisa alada, liberdade, leveza. Estendeu-se tanto na resposta que Marina recebeu um sinal de que precisava chamar um intervalo. Tentava interromper, "professor, por favor, temos que chamar um intervalo", tudo em vão. Quase em pânico, decidiu então aplicar disfarçadamente um pontapé na canela do Mestre, que tomou um susto: "Marina, por que você está me chutando?".

Quem assistia fascinado à entrevista era Max Nunes, o polivalente homem de televisão, humorista, criador de programas e personagens, escritor, cardiologista, compositor e vice-presidente do Conselho Deliberativo do já quase falido América Futebol Clube. Em entrevista à "Veja", um ano depois, na edição de 8 de dezembro de 1986, ele contou que ficou surpreso ao ouvir de Aurélio que o sinônimo de libélula era lava-bunda, palavra que, na época, significava uma afronta às proibições que ainda ameaçavam rádios e TVs.

* * *

As primeiras tentativas de estruturar graficamente as linguagens orais foram de egípcios, sumérios, acádios e assírios, mais de dois mil anos antes de Cristo. Mas coube aos gregos organizar pela primeira vez uma lexicografia, um quase dicionário acessível à maioria dos cidadãos. Léxico e lexicografia, aliás, vêm do grego "leksikos", que significa vocabulário. Diferentemente dos egípcios, os inventores da democracia faziam questão de ter uma população bem-educada. Depois, claro, vieram os romanos, com os gregos como mentores.

No século I da Era Cristã, surgiu em Roma o "Léxico homérico" de Apolônio, o Sofista, um grego nascido em Alexandria, e filho de um gramático reconhecido, Archibus. Apolônio teve o cuidado de mencionar em cada verbete um exemplo do uso prático da palavra, citando um orador de prestígio ou escritor que abonasse suas definições. Roma era então governada pelo Imperador Tibério.

Mas o grande salto das artes gráficas, que permitiu a criação do livro como o conhecemos, veio só no século XV, quando o alemão Johannes Gutenberg, provavelmente em 1439, aos 41 anos, criou um sistema que reutilizava a prensa com tipos (letras) móveis. Passou então a ser possível a impressão de livros em quantidade. Henrique VIII imprimiu bíblias em inglês e as distribuiu entre a população quando impôs, pela violência, sua reforma religiosa, no século XVI.

A impressão de livros foi uma revolução. Na Antiguidade, um livro era obra de um único exemplar, escrito à mão. Muito do conhecimento sobre filosofia e grande parte da arte literária produzida até aquele momento histórico se perderam, por causa disso, no incêndio da Biblioteca de Alexandria, por volta de 48 antes de Cristo. O acervo da biblioteca era formado por papiros.

Apesar de Gutenberg ser apontado como "inventor da imprensa", a técnica já vinha sendo desenvolvida na Ásia havia alguns séculos, particularmente na China e na Coreia. Na Europa, a criação de Gutenberg foi o gatilho para o Renascimento, a virada histórica que permitiu a disseminação de ideias e a consolidação em livros de toda a sabedoria acumulada pela humanidade até aquele momento. O conhecimento e a ciência prevaleceram sobre a religião, principalmente sobre a opressiva Igreja Católica, que reagiu com censura e perseguição.

Na Antiguidade e na Idade Média, porém, houve uma miríade de enciclopédias: na Grécia, entre os bizantinos, no mundo árabe, até mesmo na França e na Inglaterra, apesar do obscurantismo da Igreja. A reforma protestante de Martinho Lutero, desencadeada em 1517, tornou-se possível graças à impressão de livros. E foi a massiva produção de exemplares e sua circulação que viriam a resultar no Iluminismo. A "Enciclopédia francesa", de Denis Diderot e Jean le Rond d'Alembert, começou a ser produzida em 1745 e o primeiro volume foi publicado em 1751; eram 166 no total, com milhares de itens sobre todo o conhecimento humano, inclusive as novas tecnologias introduzidas pela Revolução Industrial inglesa.

A criação da imprensa reforçou o caráter multilíngue do continente, despertou o orgulho nacionalista pelo idioma de cada um dos estados da Europa e o desejo de fixação impressa das línguas, das palavras de cada uma delas e de seu significado, sua origem. Ou seja, surgia a necessidade de dicionários.

* * *

Elaborar um dicionário é uma tarefa longa, penosa, que requer paixão, mas também paciência, precisão, obstinação, conhecimento – nunca foi simples, apesar de sempre tomar por base outras obras já publicadas. O primeiro dicionarista do idioma inglês, Samuel Johnson (1709-1784), escreveu que quem se dedica a esta atividade é um "burro de carga, um inofensivo trabalhador de uma tarefa inglória, exaustiva e sem nenhum reconhecimento da sociedade" – *a harmless drudge*, expressão inglesa que utilizou. A empreitada demanda a cooperação de especialistas em vários temas, principalmente os científicos, artísticos, desportivos, eruditos e populares. É coisa para vários anos. A produção de um dicionário requer que se ouça a língua falada naquele momento histórico, muita leitura e conhecimento sobre o que outros antes já fizeram.

O trabalho de dicionarista é sempre sujeito a polêmicas e dissensões, o que ocorreu principalmente com os pioneiros. Uma delas, por exemplo, era em relação ao uso de palavras chulas ou populares, e até mesmo do que se chamava de "palavrão", ou "calão", um termo quase arcaico. Prevaleceu, finalmente, a inclusão da linguagem usada pelo povo, mesmo a pornográfica. Aurélio sustentava que um dicionário não poderia existir sem palavrões. "Um dicionário tem que ter palavrões, ou não é autêntico. Eu procuro servir ao consulente. (...) Dicionário sem palavrões nunca funcionou", disse na entrevista ao "Pasquim".

Já nos primórdios do século XX, havia dicionários nos principais idiomas ocidentais, como os franceses "Littré", "Le Robert" e "Larousse", os portugueses "Caldas Aulete" e "Morais" (originalmente "Moraes", mas depois atualizado para a grafia moderna), o norte-americano "Webster" e o inglês "Oxford". Todos se tornaram sinônimos de dicionário em seus respectivos idiomas, como o próprio "Aurélio", que só em 2001 recebeu um concorrente à altura, o "Houaiss", apontado como menos popular, mais pernóstico e rebuscado, como a personalidade do próprio autor. Mas também bastante completo.

Em seu prefácio à primeira edição, Aurélio lamentava-se:

O por vezes super-humano esforço de um dicionarista pode terminar com as mais indesejáveis consequências físicas, compensação intelectual bem pouco aliciante e resultados financeiros não demasiado expressivos.

Foi o que ocorreu com os três organizadores do "Dicionário da língua portuguesa", de 1793, da Academia de Ciências de Lisboa, que não conseguiram ir além da letra "A". E a palavra que encerrava o trabalho era o verbo *azurrar*, que o "Aurélio" define simplesmente como *zurrar*, a expressão vocal dos equinos. Os três lexicógrafos lusitanos foram devidamente ironizados pelo conterrâneo escritor e historiador Alexandre Herculano, em sua obra "Lendas e narrativas", de 1851. Narra Herculano que "o Onagro fitou as orelhas e começou a azurrar; começou por onde, às vezes, as academias acabam".

Os três infelizes organizadores do "Dicionário da língua portuguesa" sofreram as consequências físicas do penoso trabalho. Quem conta é Aurélio, no mesmo prefácio de seu dicionário:

Desses acadêmicos, um, José da Fonseca, morreu, segundo Ramalho Ortigão, de "lentas e dolorosas enfermidades contraídas nas vigílias da mais opressiva tarefa", e Bartolomeu Inácio Jorge e Agostinho José da Costa de Macedo, os outros dois, ficaram cegos. O público, esse lhes deu "o mais ingrato esquecimento"; e a Academia ofereceu a cada um dos três mártires da lexicografia – "como suprema e única remuneração de sua inglória fadiga" – um exemplar do dicionário!

II.
mestre

[Do espanhol *maestre* ou do francês antigo *maiestre*, pelo arcaico *meestre*.]

S. m. 1. Homem que ensina; professor. 2. Aquele que é perito ou versado numa ciência ou arte: *Villa-Lobos, mestre da música; Einstein, mestre da física.* 3. Homem superior e de muito saber: *Deve inspirar-se nos mestres.* 4. Aquele que se avantaja em qualquer coisa: *Em criar confusões ele é mestre.* 5. Aquilo que serve de ensino ou lição: *Seu maior mestre foi o duro trabalho.* 6. Artífice em relação aos seus oficiais. 7. Chefe de fábrica. 8. Superior de ordem militar. 9. Título dado a artista, cientista ou escritor eminente, em sinal de respeito: *Mestre Alceu.* 10. Chefe de operários; mestre-de-obras. 11. Diretor espiritual; mentor, confessor. 12. O que tem o terceiro grau na maçonaria. 13. Aquele que tem o mestrado (5). 14. *Mar. Merc.* O contramestre mais antigo de embarcação mercante, encarregado da tripulação do convés, a quem compete dirigir os trabalhos de limpeza, conservação e pintura da embarcação, e as fainas de marinharia que nela se executam, e que é também responsável pela disciplina desse pessoal. *(A primeira edição do "Aurélio" trazia ainda outras seis definições para o verbete "mestre")*

Aurélio Buarque de Holanda Ferreira poderia ter ficado pelo resto da vida em sua Alagoas natal e se tornado um comerciante modesto, como o pai, Manoel Hermelindo Ferreira. Talvez um funcionário público, como de fato chegou a ser na juventude por um curto espaço de tempo. Um professor da rede pública ou particular. Ou professor universitário em Alagoas ou Pernambuco. Poderia ter tentado uma carreira no judiciário alagoano, porque era advogado formado pela Universidade Federal do Recife em 1936, aos 26 anos. Chegaria com facilidade à condição de político influente, inclusive no plano federal, pela cultura e boas relações com a elite de seu estado. Mas foi irremediavelmente seduzido pelo idioma e pelas palavras, como um pescador de pérolas. Um caçador de borboletas, como se definia, a correr com uma rede em busca das palavras que voavam.

Aurélio nasceu em Passo do Camaragibe, Alagoas, em 3 de maio de 1910. Uma pequena, mas estratégica cidade no período da guerra dos colonizadores portugueses contra os invasores holandeses pelo controle da Capitania de Pernambuco, entre 1630 a 1654. Era um entreposto de comércio de escravos no Nordeste, além de receber produtos sofisticados da Europa: tecidos, vinhos e queijos franceses – e mais charutos e rum cubanos. Até hoje, a cidade é um paraíso tropical, com belas praias e clima agradável, como o de todo o litoral nordestino. Quando Aurélio completou 1 ano, a família se mudou para Porto das Pedras, no litoral norte do estado e na mesma região estratégica da luta contra os holandeses.

O menino Aurélio aprendeu a ler e escrever em casa, a partir dos 6 anos, com a mãe, Maria Buarque Cavalcanti Ferreira, uma professora que cuidava de quatro filhos, sendo três meninos, José (conhecido como Juca), Antônio e Aurélio, e uma menina, a mais velha de todos, Maria Luísa. O parentesco de dona Maria com o historiador Sérgio Buarque de Holanda, pai de Chico Buarque, era distante. As famílias sequer se conheciam.

Manuel Hermelindo Ferreira, apesar da condição de pequeno comerciante, também gostava de ler, e tinha prazer em fazê-lo em voz alta para os filhos, o que influenciou fortemente o menino Aurélio. Em seu conto "O chapéu de meu pai", publicado em 1942 pela Editora José Olympio, na coletânea "Dois mundos", com fortes toques autobiográficos, ele menciona que o pai comprara o "Dicionário das folhas, flores, frutos e raízes", a fim de impressionar a noiva e a futura sogra, com quem dividia o gosto por contos e romances.

Aos 10 anos, Aurélio aprendeu sozinho a nadar, feito que lhe marcou a vida, e passou a frequentar uma escola particular, de um amigo do pai – um privilégio. Não foi, porém, bom aluno. O ensino burocratizado e conservador não era atraente para a personalidade agitada e criativa do menino com intelecto acima da média. No mesmo ano, 1920, a família se mudou para Porto Calvo, cidade histórica, berço de Domingos Fernandes Calabar, o controvertido personagem que ajudou os holandeses na guerra contra os portugueses, com seu conhecimento dos caminhos e da geografia da região.

O pai de Aurélio conseguiu novamente, com esforço, matricular os filhos em uma escola particular. Um professor, José Paulino Sarmento, encantou-se com a facilidade do garoto no aprendizado e pediu ao pai que comprasse uma gramática e um dicionário de francês, porque iria ensinar o idioma a Aurélio. Nas aulas de português, caprichava particularmente na análise sintática. Aos 13 anos, o adolescente de fartos cabelos avermelhados já era capaz de fazer traduções. Mas a crise e a decadência do norte de Alagoas bateram à porta, e a família se mudou mais uma vez, agora para Maceió.

O progresso de Aurélio nos estudos foi tão rápido na capital que, aos 14 anos, já dava aulas particulares de português, depois de ter sido demitido de dois empregos burocráticos por absoluta incompatibilidade vocacional. Logo conseguiu ser contratado pelo Liceu Alagoano, um colégio estadual. Recebia uma remuneração simbólica. Das aulas de português, passou às de literatura brasileira, quando resolveu adicionar o sobrenome da família materna: Aurélio Buarque de Holanda Ferreira.

O dinheiro que recebia das aulas particulares era usado principalmente na compra de livros, quase sempre romances de Machado de Assis e José de Alencar. Deliciou-se com a riqueza vocabular de "Os sertões", de Euclides da Cunha, e descobriu fascinado o estilo e a densidade de Eça de Queiroz. Foi nessa mesma época que começou a aprender inglês.

No entanto, por mais que Aurélio se esforçasse, o aluno que se destacava entre os colegas de classe, em 1923 e 1924, era um rapaz moreno, de voz grave apesar da idade, bonitão e de grande sucesso entre as moças. Um tal de Pelópidas Guimarães Brandão Gracindo, que algumas décadas mais tarde se transformaria em um dos maiores atores brasileiros, sob o nome artístico de Paulo Gracindo. Aurélio, de 14 anos de idade, por sua vez, foi assim descrito por um outro colega de turma em

1944, quando o futuro dicionarista e filólogo recebeu o Prêmio Afonso Arinos, da Academia Brasileira de Letras:

> Já lá se vão cerca de 20 anos. Estudava eu num colégio de Maceió quando certo dia vi entrar um novo aluno: Aurélio Buarque de Holanda Ferreira. Era o tipo do homenzarrão, como costumávamos chamar os mais crescidos. Tinha as calças compridas e o rosto vermelho como pimenta madura. Logo de início, o novato se mostrara inquieto e insubordinado. Revoltava-se contra o rigor dos horários e o silêncio das "bancas". Era de natureza um tanto avessa a quanto lhe limitasse os impulsos, fixada sua obediência às regras da gramática portuguesa.

O autor da descrição era um jovem que, desde a adolescência, já tinha pretensões políticas: Arnon de Mello, que viria a ser governador de Alagoas, deputado federal e pai do ex-presidente Fernando Collor de Mello. Aurélio era realmente alto para os padrões da época, principalmente no Nordeste. Atingiu 1,80 metro no fim da adolescência, com uma vasta cabeleira avermelhada, olhos claros e bochechas vermelhas. Um gigante para a Alagoas de sua época. Era expansivo, com enorme facilidade para fazer amigos. Começou a publicar sonetos em veículos importantes do estado, como "Jornal de Alagoas", "A República", "O Semeador", "Gazeta de Viçosa", "Jornal de Viçosa" e "O Porvir". Em 1930, aos 20 anos, fundou a revista "Maracanã" com o amigo Valdemar Cavalcanti. Naquele ano, Alagoas passou por um momento de grande agitação intelectual, e Aurélio incorporou-se ao grupo nordestino que tinha como líder Graciliano Ramos, recém-mudado para a capital, e mais Rachel de Queiroz e o marido José Auto, Alberto Passos Guimarães, Raul Lima, José Lins do Rego, Santa Rosa e Aloysio Branco, um poeta modernista que morreu aos 28 anos.

Aurélio se formou em direito em Recife, em 1936, mas durante o curso continuou morando em Maceió. Faltava muito às aulas e ia à capital pernambucana basicamente para as provas semestrais. O pai, Manuel Hermelindo, morreu em 1935, e Aurélio resolveu realizar o que era sonho de todo jovem nordestino com alguma ambição: mudar-se para o Rio de Janeiro. Já havia feito a primeira tentativa em 1933. Durante três meses, procurou se ajeitar no então Distrito Federal, mas ainda não era o momento. Não se adaptou. Voltou para Alagoas e conseguiu um emprego como oficial de gabinete na prefeitura de Maceió, nomeado por um jovem prefeito de pouco mais de 30 anos e que buscava aproximação com os intelectuais nordestinos, Edgar de Góes Monteiro.

* * *

Em um estado pequeno e pobre como Alagoas, um jovem culto, inteligente, de boa aparência e já bem relacionado como Aurélio Buarque de Holanda Ferreira fatalmente acabaria envolvido em política. Mesmo que esse não fosse um assunto de seu particular interesse. Quando veio a Revolução de 1930, o governador Álvaro Pais amontoou suas coisas na calada da noite em um caminhão de mudanças e em dois automóveis, tomou um navio e fugiu para o Rio de Janeiro. Em seu lugar seguiram-se seis interventores nomeados por Getúlio Vargas entre 1930 e 1934, até

AGITO CULTURAL
Aurélio com José Lins do Rego em 1937: eles integravam um grupo de escritores nordestinos liderado por Graciliano Ramos

que finalmente assumiu o professor e advogado Osman Loureiro. Um dos seus primeiros atos foi designar como novo chefe de polícia Edgar de Góes Monteiro. O irmão de Edgar, tenente-coronel Silvestre Péricles de Góes Monteiro, também queria a nomeação como interventor, e abriu uma oposição feroz à decisão de Vargas.

A eleição do ano seguinte seria indireta, pelo Congresso Nacional. Por isso, Silvestre fazia campanha abertamente no Rio de Janeiro, em conversas com políticos e em entrevistas aos jornais, para obter a confiança de Getúlio Vargas e dos parlamentares. Alardeava que o interventor, Osman Loureiro, era aliado dos derrotados pela Revolução de 30, parte da mesma oligarquia derrubada pela nova ordem.

Edgar e Silvestre, em lados opostos, eram também irmãos do general Pedro Aurélio de Góes Monteiro, homem forte do aparato militar de Getúlio Vargas desde o levante de 1930 e que seria, mais tarde, ministro da Guerra. Um ano antes da eleição, em setembro de 1934, Silvestre seguiu para Alagoas prometendo que tomaria o poder, nem que precisasse transformar a capital em "um amontoado de sangue e ruínas".

O clima político em Maceió ficou insuportável até que, no dia 7 de março de 1935, explodiu um tiroteio entre os grupos inimigos. Dois irmãos proprietários do jornal "A Imprensa", que atacava o governador, foram intimados por Edgar, o chefe de polícia. Pediram então proteção a Silvestre, que estava aquartelado no Hotel Bela Vista, o mais luxuoso da capital alagoana. Ao saber disso, Edgar se dirigiu para lá com um grupo de auxiliares do qual fazia parte Aurélio Buarque de Holanda, além de soldados da força pública e policiais civis.

Da rua, Edgar gritava para o irmão no hotel: "Desce, covarde, para morrer ou receber bofetadas na cara". Silvestre apareceu em uma janela e respondeu: "Seu Caim, seu monstro! A história vai registrar o teu crime!". Veio a troca de tiros e Edgar foi atingido na perna esquerda e no antebraço direito. Outros dois membros da força pública foram baleados. O tiroteio continuou durante todo o dia e entrou pela noite. O jornal finalmente foi invadido e empastelado.

No dia seguinte, o deputado Rodolfo Lins foi tentar um acordo com os dois grupos e recebeu um tiro no coração. Com ele, morreu um cidadão que nada tinha a ver com a disputa. O Exército interveio e Silvestre Péricles foi preso. No dia 27 de maio, Osman Loureiro foi eleito indiretamente pela Assembleia Legislativa com 17 votos, contra nenhum a favor de Silvestre Péricles. As investigações sobre o tiroteio e as mortes não deram em nada, e Edgar de Góes Monteiro foi nomeado secretário-geral de governo, cercado pela amizade e apoio de Aurélio Buarque de Holanda, Graciliano Ramos e outros do grupo alagoano de intelectuais.

Aurélio seguiu enfileirando sucessivos empregos públicos em Alagoas, como conferente da Seção de Receita e Despesa, diretor da Biblioteca Municipal de Maceió, do Teatro Deodoro – o principal do estado – e do Departamento de Estatística e Publicidade da capital. Mas a cabeça estava longe. O projeto de vida era migrar para o Rio e trabalhar naquilo que realmente o interessava: a literatura, a língua portuguesa e a vida acadêmica.

Finalmente, em 23 de dezembro de 1938, aos 28 anos, chegara o momento. Aurélio foi convidado para um estágio no Instituto Brasileiro de Geografia e Estatística, o IBGE – havia feito boas amizades no Nordeste com gente que se mudara para o Rio. Os amigos organizaram um jantar de despedida no Hotel Atlântico, e o principal orador foi Rui Palmeira, que viria a ser deputado federal, senador e pai do futuro líder estudantil Vladimir e do senador e governador Guilherme Palmeira. "Esperamos que você não crie raízes lá na cidade grande", disse Rui.

Mas Aurélio sabia que era uma viagem sem volta. Estava enfeitiçado pelo Rio desde os meses que passara na capital em 1933, e decidido a morar definitivamente na cidade, sonho de toda a vida até aquele momento. No dia seguinte ao jantar de despedida, véspera de Natal, Aurélio, como na canção de Dorival Caymmi, pegou um ita no Norte, o navio Itaquicé. Era uma das embarcações da linha de navegação de cabotagem que levou para o Rio outros ilustres nortistas e nordestinos. Os itas, de propriedade da Companhia Nacional de Navegação Costeira e do Lloyd Brasileiro, tinham capacidade para 140 pessoas e mais a carga, e faziam a ligação Norte-Sul do país.

Assim que chegou ao Rio, Aurélio se instalou no Flamengo, na Rua Silveira Martins, e conseguiu emprego na "Revista do Brasil", dirigida pelo historiador Octávio Tarquínio de Sousa, com redação na Rua Sacadura Cabral, perto da Praça Mauá.

Aurélio ganhou algum prestígio com um ensaio crítico publicado na revista sobre a obra de Machado de Assis, em homenagem ao centenário do escritor carioca. Logo foi convidado a lecionar literatura e língua portuguesa no Colégio Anglo-Americano e no Pedro II, escola federal de grande relevância. Mas nunca prestou concurso público para obter o emprego. Mais tarde, deu aulas no Instituto Rio Branco, criado para a formação de diplomatas. Diziam alguns amigos (e principalmente os adversários) que temia se submeter a um exame para bacharel, ou a um concurso público, e ser reprovado, apesar de todo o conhecimento adquirido ao longo dos anos. Tornou-se também professor do ensino médio da rede pública do antigo Estado do Rio, quando a cidade era ainda Distrito Federal. Seu prestígio como professor, filólogo e literato, autor de contos, decolou. Ele tinha pouco mais de 30 anos.

Além do ensaio sobre Machado de Assis, Aurélio publicou em 1945 um outro, sobre Eça de Queiroz, por encomenda da crítica literária e editora Lúcia Miguel Pereira, para o centenário do romancista português. Chamou-se "Linguagem e estilo de Eça de Queiroz". Antes, em 1942, estreou como brilhante ficcionista com o livro de contos "Dois mundos", publicado pela Editora José Olympio. O mineiro José Olympio, o "descobridor de escritores", segundo Antonio Carlos Villaça, tornou-se grande amigo e admirador de Aurélio. "Dois mundos" teve uma segunda edição em 1956 pela Editora O Cruzeiro.

São 20 textos, que Aurélio descrevia como compostos de contos, retratos e quadros. O conteúdo é autobiográfico, sobre a infância do autor em Alagoas, com narrativa elegante, na primeira pessoa, e dedicado a amigos. "O chapéu de meu pai", uma pequena obra-prima, foi para Arnon de Mello; "A primeira confissão", para o grande amigo baiano Herberto Sales etc. "O retrato de minha avó" foi incluído por Graciliano Ramos em uma antologia dos melhores contos do Brasil, embora o próprio Aurélio o considere um "retrato", e não um conto.

O destaque do livro era "O chapéu de meu pai", e a obra ganharia, dois anos depois, o prêmio da Academia Brasileira de Letras. Aurélio escreveu ainda um ensaio sobre o jornalista e contista gaúcho Simões Lopes Neto (1865-1916). Os três ensaios, sobre Machado, Eça e Simões Lopes Neto, mais tarde seriam reunidos e publicados em um único livro.

Foi nesta mesma época, mais precisamente em 1945, que Aurélio se casou com a paraense Marina Baird, filha de ingleses, que se mudara alguns anos antes para o Rio e trabalhava no Banco de Londres, como contadora e estatística por formação universitária. Os dois se conheceram quando Aurélio já cuidava dos "Brasileirismos" no "Pequeno dicionário da língua portuguesa",

CASAMENTO
Aurélio e a mulher Marina Baird, uma paraense filha de ingleses, com quem se casou em 1945

lançado pela Editora Civilização Brasileira, um dos braços da Companhia Editora Nacional.

* * *

A Companhia Editora Nacional foi fundada em 1925 por Monteiro Lobato, responsável pela edição dos livros, e por Octalles Marcondes Ferreira, encarregado da parte comercial e administrativa. As trajetórias dos dois se cruzaram no fim da década de 10. Dono da "Revista do Brasil", Monteiro Lobato contratou como guarda-livros o jovem contador Octalles, de 19 anos, em seu primeiro emprego. De tão competente, ele logo se tornou o principal administrador da empresa e, juntos, os dois se tornaram sócios da Monteiro Lobato & Cia e da Cia. Graphico-Editora Monteiro Lobato.

Lobato, nesta época, já despontava como um nome promissor da literatura brasileira, sempre com uma militância nacionalista. Tinha publicado livros de contos regionalistas, como "Urupês", "Ideias de Jeca Tatu" e "Cidades mortas". Em paralelo, mostrava-se um editor com ideias modernas, que tratava os livros como produtos de consumo, e não meramente artísticos, com capas atraentes e uma produção gráfica impecável. Criou também uma estrutura de distribuição agressiva, aproveitando a rede de bancas que vendia a "Revista do Brasil" para expor seus livros, e lançando mão de vendedores autônomos em várias cidades do país – até os anos 20, praticamente não havia livrarias.

Em 1925, sempre com o parceiro e amigo Octalles Marcondes, abriu a Companhia Editora Nacional, que ficava na Rua Senador

Dantas 105, no Centro do Rio de Janeiro, que até aquele momento simbolizava a maior agitação editorial e cultural do país. No ano seguinte, transferiu a sede para São Paulo. Em 1927, Monteiro Lobato foi nomeado adido comercial brasileiro em Nova York pelo presidente Washington Luís. Continuou escrevendo, enquanto Octalles passou a ser o responsável principal pela Companhia Editora Nacional.

A nova editora se especializou em livros didáticos e infantis, o filé mignon do incipiente mercado editorial do Brasil, com pouco mais de 30 milhões de habitantes, segundo o IBGE – mais da metade composta por analfabetos. Em 1929, Octalles Marcondes teve a ideia de pedir ao jovem médico alagoano Hildebrando de Lima, irmão do também médico e escritor Jorge de Lima, que preparasse um dicionário.

Mas como Hildebrando, de apenas 25 anos, não gozava de prestígio acadêmico como linguista ou escritor, Octalles convidou o cearense Gustavo Barroso, de 40, para participar e assinar a coautoria do trabalho. Barroso, com 128 livros no currículo e um dos fundadores da Editora Civilização Brasileira, tinha uma trajetória sólida: aos 28 anos, foi diretor da Superintendência Nacional de Defesa da Borracha e deputado federal; aos 29, secretário de Governo no Ceará. Nacionalista radical, esteve à frente da fundação da Aliança Integralista Nacional e presidiu por quatro anos a Academia Brasileira de Letras.

O "Pequeno dicionário" foi publicado em 1938, com 60 mil verbetes, porém, sem autor definido, como um produto da editora. Hildebrando e Gustavo, que receberam um valor fixo pelo trabalho, não se conformaram com o anonimato. Recorreram à Justiça por meio do advogado Plínio Doyle e conseguiram assinar a obra. Contratado como revisor, o poeta Manuel Bandeira foi encarregado de atualizações e correções a cada nova reimpressão.

Em 1932, seis anos antes da publicação do "Pequeno dicionário", Octalles Marcondes Ferreira havia comprado a Editora Civilização Brasileira, que, além de Gustavo Barroso, tinha como donos o diplomata e jornalista Ribeiro Couto e o ex-operário, ex-soldado da Força Pública e então editor Getúlio Costa. Nesta época, Octalles se destacava como um dos mais arrojados empresários do mercado editorial.

Publicar livros era um trabalho heroico. Além de ser um país de analfabetos e ex-escravos, o Brasil vivia a crise sem fim da decadência da República Velha. Os anos 20 tinham sido de rebeliões tenentistas, em seguida veio a chamada Revolução de 1930 e, finalmente, em 1931, uma crise econômica só comparável à que viveríamos em 2020 com a Covid-19. O país mergulhou numa recessão brutal provocada pela depressão norte-americana de 1929, que levou inclusive ao primeiro golpe militar na vizinha Argentina, com a queda do presidente eleito Hipolito Yrigoyen. E justamente em 1932 acontecia a Revolução Constitucionalista de São Paulo, uma verdadeira guerra civil, que destruiu parte do Centro da cidade e matou 934 pessoas.

A atividade de editor, com tudo isso, tornou-se ainda mais arriscada. O principal insumo era o papel importado, caríssimo, e a moeda brasileira, o mil-réis, estava no chão. Só muitas décadas depois o governo brasileiro começou a comprar grandes quantidades de livros didáticos.

Em 1943, chegou à Civilização Brasileira um jovem de 18 anos que iria mudar a história da empresa. Ênio Silveira era estudante da Escola Livre de Sociologia e Política e fazia também um bico como revisor da "Folha de S. Paulo". Primo da escritora Dinah Silveira de Queiroz, Ênio passou a escrever as orelhas dos livros, entre outras tarefas. Foi ganhando espaço na editora e se casou com a filha de Octalles, Cleo.

Embora o "Pequeno dicionário brasileiro da língua portuguesa" se enquadrasse no perfil da Editora Nacional, Octalles optou por lançá-lo pela Civilização Brasileira. Aurélio Buarque de Holanda já estava encarregado dos "Brasileirismos" desde 1940, a convite de Manuel Bandeira. Dedicava-se a buscar novas palavras, neologismos e abonações em escritores consagrados – e, a partir de 1951, como principal revisor, cuidou de fazer correções e atualizações, tarefa que conduziu até 1962. Na segunda metade dos anos 40, com Ênio Silveira já como um dos principais executivos da Civilização Brasileira, Aurélio pediu que incorporasse Paulo Rónai ao trabalho.

Ênio assumiu a direção da Civilização Brasileira em 1951 e imprimiu uma diretriz de esquerda à editora, com a publicação dos principais pensadores marxistas brasileiros. O assunto já havia provocado uma crise com o sogro Octalles Marcondes Ferreira, que não queria suas editoras engajadas ideologicamente. Ele buscava isenção, publicando tanto livros de esquerda, como até mesmo de Plínio Salgado, fundador do movimento integralista no Brasil, uma caricatura do fascismo italiano de Mussolini.

• • •

Paulo Rónai chamava-se Rónai Pál. Nasceu em Budapeste em 1907, ainda no Império Austro-Húngaro, filho de livreiros de origem judaica. Aos 19 anos, já fazia traduções para seu idioma original de poetas neolatinos, principalmente italianos e franceses. Conseguiu estudar na Sorbonne, na Alliance Française de Paris e na Università per Stranieri de Perugia, na Itália. Quando morava na França, descobriu uma série de livros de poesia em línguas neolatinas, iniciada com "Cem melhores poesias da língua francesa" e seguida de outras em italiano, espanhol, até chegar às "Cem melhores poesias da língua portuguesa". Como era fluente em francês, espanhol, italiano e latim, além de alguns outros idiomas, arriscou-se a traduzir um poema do português Antero de Quental para um jornal húngaro. Em uma aula na França, viu um colega concentrado na leitura de uma obra em português. "Mas por que o livro é tão mais interessante do que a aula?", perguntou. "Porque o Brasil é onde nós vamos morar", respondeu o colega.

Cada vez mais interessado pelas coisas brasileiras, Rónai Pál leu "Dom Casmurro", de Machado de Assis, e passou a se corresponder com uma livraria húngara que existia em São Paulo nos anos 30. Traduziu o poema "A moça da Estaçãozinha Pobre", do diplomata e jornalista Rui Esteves Ribeiro Couto, que trabalhava em Paris. Os dois se tornaram grandes amigos, e Ronái Pál traduziu para o húngaro outras obras do diplomata, como o romance "Cabocla", publicado em 1931, e que viraria novela de televisão em três versões diferentes – a primeira delas em 1959, pela extinta TV Rio, e as outras pela TV Globo.

Com a ocupação da Hungria pelos nazistas, a família de Rónai foi perseguida, e o escritor, enviado para um campo de trabalhos forçados, onde permaneceu por seis meses. De Paris, Ribeiro Couto apelou ao governo brasileiro pelo amigo, e conseguiu com Getúlio

Vargas asilo político para o prisioneiro. Rónai saiu da Hungria em 28 de dezembro de 1940 e chegou ao Brasil em 3 de março de 1941. Sua primeira providência foi traduzir o próprio nome, e Rónai Pál tornou-se Paulo Rónai. Conseguiu trabalho como professor, tradutor e resolveu ampliar suas atividades: tentou publicar um artigo, ainda em francês, na "Revista do Brasil". Foi encaminhado ao secretário de redação, responsável pela finalização dos textos, que o atendeu sem levantar a cabeça, absorto em rever uma matéria. Aurélio Buarque de Holanda disse apenas "pode deixar o artigo aí que eu leio e dou uma resposta na semana que vem".

Rónai retornou oito dias depois e foi direto a Aurélio, que gostara do artigo, mas queria uma tradução em português. Rónai traduziu, mas, quando voltou à "Revista do Brasil", Aurélio pediu-lhe que se sentasse e foi gentil e professoral: "O conteúdo está muito bom. Mas vou mostrar o que está incorreto na sintaxe, na gramática e no estilo". Rónai logo conseguiu trabalho como tradutor graças ao novo amigo brasileiro. Começou a escrever e se casou com a arquiteta Nora Tausz, que havia desenhado a capa de um dos seus livros.

A amizade e a parceria duraram até a morte de Aurélio, em 1989. "Aurélio revisou e corrigiu meus textos em português por mais de 40 anos, sem jamais cobrar um tostão", disse Paulo Rónai em abril de 1991, em entrevista a Nelson Ascher e Alcino Leite Neto, na "Folha de S. Paulo". A jornalista Cora Rónai, uma das duas filhas de Paulo, conta que os dois eram como almas gêmeas, obcecados com as palavras, com literatura e combinavam até no estilo de trabalho, embora Aurélio fosse mais desorganizado. Tinham conversas que duravam horas.

ALMAS GÊMEAS
Com o amigo Paulo Rónai, também perfeccionista e obcecado pelas palavras

Paulo Rónai foi o responsável pelo reconhecimento e profissionalização do tradutor de livros no Brasil. "Já havia tradutores no país, e excelentes. Mas papai elevou o trabalho ao patamar que merecia", diz Cora. Foi ele quem criou a Associação Brasileira de Tradutores. Rónai colaborou no "Novo dicionário da língua portuguesa" com palavras, locuções, frases feitas e provérbios de uso universal. "Eu me lembro do meu pai espalhando caixas de papelão pela casa com anotações, textos traduzidos, de uma forma que só ele entendia o significado e a localização de tudo aquilo", conta Cora. Os livros também eram deixados em todos os cantos da casa, em uma desorganização só decifrada pelo próprio Paulo, que tinha como outros grandes amigos Carlos Drummond de Andrade e Guimarães Rosa.

Paulo Rónai escreveu "Encontros com o Brasil", em que conta sua saga de exilado, mas é também praticamente uma obra de agradecimento ao país que o acolheu. Na mesma linha segue "Como aprendi o português e outras aventuras". Incansável, Rónai traduziu para o português em 1951 o romance húngaro "Os meninos da Rua Paulo", de Ferenc Molnár – cuja primeira edição, pela Saraiva, é dedicada a Aurélio Baird Buarque Ferreira, filho do amigo Aurélio –; as óperas "As bodas de Fígaro", de Mozart, e "O barbeiro de Sevilha", de Rossini; além de "Servidão e grandeza militares", de Alfred de Vigny; e "Antologia do conto húngaro", com prefácio do amigo diplomata e escritor João Guimarães Rosa. "A comédia humana", do francês Honoré de Balzac, que compreende 89 livros, foi um trabalho de dez anos, em que coordenou 36 tradutores em 17 volumes. Paulo Rónai uniformizou e contextualizou a obra de Balzac em português. Traduziu para o francês "Memórias de um sargento de milícias", de Manuel Antônio de Almeida, e do português para o húngaro "Mensagem do Brasil: poetas brasileiros contemporâneos". Sempre com o suporte linguístico de Aurélio Buarque de Holanda na revisão final.

Rónai publicou ainda ensaios sobre Guimarães, Drummond, Graciliano Ramos, Cecília Meireles, Érico Verissimo e sobre o amigo Ribeiro Couto. Ainda em 1945, Aurélio Buarque de Holanda e Paulo Rónai lançaram o primeiro dos cinco volumes de "Mar de histórias", uma antologia de contos da literatura universal traduzidos por ambos – a maior parte por Rónai. A Aurélio cabia a revisão final do texto em português. A coletânea "Mar de histórias" vai desde o século XVIII até o século XX, publicada inicialmente pela Editora José Olympio, com outras quatro edições posteriores pela Nova Fronteira.

* * *

Graças ao trabalho de professor no Instituto Rio Branco, de formação de diplomatas, Aurélio Buarque de Holanda foi indicado pelo Itamaraty para lecionar estudos brasileiros na Universidade Autônoma do México entre 1954 e 1955. Fizera bons contatos no Ministério das Relações Exteriores e seu prestígio como acadêmico era cada vez maior. Foi no período em que deu aulas no México que Aurélio começou a ruminar a ideia de um dicionário à semelhança do "Webster", que conhecera em detalhes. Planejava uma obra abrangente, abordando todos os aspectos culturais, históricos, jurídicos, econômicos, religiosos e esportivos da língua portuguesa, mas principalmente incorporando a fala do povo, o uso cotidiano do idioma, suas inovações, a dinâmica e a imensa variedade regional.

Em seu retorno ao Brasil, já conhecido e admirado no mundo acadêmico como linguista, tradutor e professor, Aurélio adicionou à sua relação de empregos o de professor de língua portuguesa da novíssima Escola Brasileira de Administração Pública, substituindo o gramático Adriano da Gama Kury. E foi ali que se cruzaram os caminhos de Aurélio e Joaquim Campelo, seu aluno que o descrevia como um notável professor, didático, claro, preciso e atencioso. Mas com hábitos de trabalho peculiares.

Joaquim Campelo Marques nasceu em 19 de maio de 1931 em Viana, na Baixada Maranhense. Segundo ele, um "pequeno pantanal", com seus igarapés que, na temporada de chuvas, de janeiro a julho, quase invadem a cidade. Viveu lá até os 4 anos, quando o pai, o português da cidade de Viseu Antônio Gaspar Marques, decidiu ampliar os negócios e se mudar para São Luís. Antônio Gaspar chegou ao Brasil sozinho em 1910, com 15 anos, fugindo da crise política e econômica em Portugal, que levaria à proclamação da República em 5 de outubro daquele ano. Desde o assassinato do Rei Dom Carlos, em 1908, o país era uma usina de conflitos, com enorme insatisfação popular diante da dependência da Inglaterra, do atraso econômico, do governo ditatorial do primeiro-ministro João Franco e da perda cada vez maior de importância na Europa. Campelo ouviu pouco do pai e não soube quase nada sobre as razões da escolha do Maranhão. Antônio Gaspar foi parar na cidade de Cururupu, perto do litoral e do Rio Gurupi, arranjou empregos modestos e se mudou para Viana, cerca de 300 quilômetros ao sul, já como comerciante.

Em Cururupu, o jovem português havia se estabelecido no ramo atacadista de arroz, fumo, carne, carnaúba, babaçu e instrumentos agrícolas – além de importados em geral, do estrangeiro ou do sul do país, de acordo com as necessidades locais de produtos industrializados. Era um empreendedor obstinado. Casou-se com Sebastiana Campelo, uma moça da cidade, mudaram-se para Viana e tiveram quatro filhos. Da remota Viana, Joaquim Campelo se lembra apenas da água, das chuvas e do cachorro Mondego, batizado pelo pai em homenagem a um rio que banha Coimbra, em Portugal. O menino Joaquim gostava de cavalgar o pobre Mondego.

O comércio começou a crescer e Antônio Gaspar se mudou para São Luís em 1935. O armazém que mantinha em Viana ficou com um primo – era tradição entre portugueses passar o controle dos negócios para as gerações seguintes ou parentes próximos que traziam para o Brasil, quando conseguiam se estabelecer com alguma segurança. Na capital maranhense, Antônio Gaspar se associou a José Paulo Mendonça, e os negócios progrediram. Pouco tempo depois, Mendonça morreu e Gaspar seguiu sozinho. Logo se tornaria um dos principais empresários do estado. Vendia tudo o que era importado, como enxadas, foices, facões, tecidos para cama, mesa e vestimenta, trigo do Rio Grande do Sul, vinhos de Portugal, máquinas de pilar arroz. E mais a produção local de babaçu, milho, palmito – o que o mercado demandasse. Seu armazém geral passou a se chamar Gaspar Marques & Cia. Ltda.

Joaquim Campelo e os irmãos concluíram o antigo curso primário no Colégio Maranhense, a escola marista local, e fizeram os cursos ginasial (primeira à quinta série) e colegial (clássico, científico ou normal, em três anos) no Colégio de São Luís. Em ambos, eram comuns puxões de orelha e palmatória. Nenhum pai ou mãe reclamava, fazia parte do processo pedagógico da época.

Campelo teve uma infância feliz, com peladas à beira-mar, pipa, voleibol, basquete e atletismo na adolescência. Ajudava também no caixa do armazém do pai. Foi um estudante medíocre, segundo sua própria avaliação. Gostava muito mais de ler, tanto os realistas Aluísio Azevedo e Machado de Assis, como o romântico José de Alencar – qualquer coisa que lhe caísse nas mãos.

O Maranhão era um estado rico para os que possuíam terras ou comércio. O dinheiro circulava fácil e era praxe entre as famílias mais abastadas enviar os filhos para estudar no Rio e na Europa. O poeta romântico Gonçalves Dias (1823-1864), por exemplo, nascido em Caxias, no interior do estado, filho de um comerciante português e de uma índia, estudou em Portugal e na Alemanha. O poeta, latinista e estudioso de grego Odorico Mendes (1799-1864) era de uma tradicional família de São Luís, de onde saiu aos 17 anos para ganhar o mundo e se tornar o primeiro tradutor brasileiro da "Ilíada", da "Odisseia", e das obras de Virgílio. Os irmãos maranhenses Aluísio (1857-1913) e Artur Azevedo (1855-1908) eram filhos de pai português e estudaram em Lisboa e Coimbra. Na infância de Campelo, aliás, as professoras estimulavam os alunos a visitar as casas em que viveram os irmãos Azevedo – inclusive o mirante onde Aluísio escreveu "O mulato" – e a ler e a decorar os poemas de Gonçalves Dias.

Envolvido com vôlei e basquete, em que tinha como parceiro o ex-deputado federal e constituinte pelo antigo PFL Jaime Santana, Campelo foi também amigo na infância e na adolescência de uma turma que, em vez de esportes, preferia a literatura. Esses amigos liam e escreviam como loucos, seguindo o exemplo de Odylo Costa, filho e Josué Montello, conterrâneos mais velhos e que já haviam se lançado como escritores. Reuniam-se no Centro Cultural Coelho Neto para conversar sobre literatura e todos publicavam nos jornais da escola, perpetravam poemas, contos e críticas. Eram eles o magrelo José Ribamar Ferreira, que ficaria conhecido como o poeta Ferreira Gullar; o futuro presidente da República José Ribamar Ferreira de Araújo Costa, filho de Sarney de Araújo Costa, e que por isso era chamado de "Zé do Sarney"; o poeta José Tribuzi Pinheiro Gomes, de pseudônimo Bandeira

Tribuzi; e o também poeta José Carlos Lago Burnett, que se tornaria, a partir dos anos 50, o melhor copidesque do jornalismo brasileiro e autor do manual de redação do "Jornal do Brasil", um dos primeiros do gênero. Tribuzi foi citado por José Sarney em seu primeiro discurso na ONU como presidente da República, em 23 de setembro de 1985. Os jornais, naquele dia, foram obrigados a uma demorada pesquisa para identificar o poeta.

Diferentemente dos colegas, Campelo sempre teve forte autocrítica e sabia que não seria um escritor, apesar da dedicação à leitura. Assim como Aurélio, poderia ter seguido uma carreira política ou burocrática no serviço público federal ou do Maranhão, ou ainda assumido os negócios do pai. Mas não gostava de nada disso e sabia que não ficaria em São Luís. Era irônico, com um humor sarcástico e agressivo; sonhava com o Rio de Janeiro. Quando completou 16 anos, em 1947, o pai, Antônio Gaspar, ficou gravemente doente – uma meningite. Planejou viajar para o Rio para tratamento, mas era tarde demais. Morreu no Maranhão aos 51 anos.

AMIZADE
Campelo com José Sarney, amigo desde a juventude no Maranhão e que o levou para Brasília nos anos 80

Logo que terminou o segundo grau, aos 19 anos, Joaquim Campelo resolveu que já era tempo de migrar para o Distrito Federal. Mas não tomou um ita no Norte, como Aurélio. Pegou em São Luís um avião do Lloyd Aéreo Brasileiro, com escalas em Carolina (MA), em Anápolis (GO), em Belo Horizonte e, finalmente, no Rio de Janeiro.

* * *

Campelo chegou ao Rio em 1950, ano em que o Brasil perdeu a Copa do Mundo para o Uruguai no recém-inaugurado Maracanã e que Getúlio Vargas foi eleito presidente da República para seu segundo governo, agora em uma democracia. Por indicação de amigos, foi morar em uma pensão para jovens solteiros na Rua Marquês de Abrantes 36, esquina com Rua Paissandu, na divisa de Flamengo com Laranjeiras. Adaptou-se facilmente à cidade, como ocorrera pouco mais de dez anos antes com Aurélio Buarque de Holanda. Era um sonho.

A Capital Federal vivia ainda sua *Belle Époque*. Uma cidade moderna e acolhedora, de pessoas afáveis e alegres, com transporte público de boa qualidade, à base de bondes elétricos, ônibus e lotações – como eram chamados os ônibus de menor porte, sem a figura do trocador, e que tinham a fama de correr demais. O modelo era Paris, mas com prédios no Centro ainda no estilo da arquitetura colonial portuguesa. Assaltos eram coisa raríssima. Vivia-se em um Rio como o que se tornou lenda, a Cidade Maravilhosa da célebre canção de André Filho, ou da "Valsa de uma cidade", de Antônio Maria e Ismael Netto. Sede da Presidência da República, do Senado e da Câmara Federal. Centro cultural e político do país.

A capital era uma espécie de eldorado. Várias pensões e repúblicas abrigavam jovens nordestinos de famílias de comerciantes ou de funcionários públicos bem remunerados, que vinham estudar, tentar a sorte no jornalismo, no teatro ou na música. Os mais pobres e sem escolaridade iam para as favelas e buscavam empregos na construção civil, no comércio ou como porteiros. Os mais habilidosos aprendiam profissões como as de barbeiro e eletricista. Às mulheres, restava o trabalho de empregada doméstica.

Campelo foi aprovado para o curso de jornalismo na Faculdade de Filosofia, no Castelo, a futura Faculdade de Direito da Universidade Federal do Rio de Janeiro. Tinha um padrão de vida bem razoável, porque passou a representar o comércio da família na capital, com a compra e venda de produtos, em contato principalmente com os importadores de bebidas e de secos e molhados da Rua do Acre e da Rua Larga, que mais tarde seria rebatizada de Marechal Floriano.

O trabalho valia um bom salário para um jovem solteiro e de hábitos espartanos. Pagava o aluguel, permitia três refeições diárias e ainda sobrava algum para comprar livros e ir ao cinema. Em 1952, foi de férias a São Luís, visitar a mãe. Lá, soube que um tal Benedito Silva, um advogado goiano da recém-criada Escola Brasileira de Administração Pública (Ebap), da Fundação Getúlio Vargas, estava selecionando estudantes para o curso de gestão pública, que iria já para a segunda turma.

A Ebap fora criada em 1951 no âmbito da FGV para formar uma elite intelectual na gestão do Estado brasileiro e se contrapor aos burocratas nomeados por indicação política. O presidente Getúlio Vargas havia iniciado um processo de modernização da economia. O fundador da Ebap, o gaúcho Luís Simões Lopes, primeiro presidente da FGV, em 1944, decidiu que a escola buscaria em todo o país estudantes capacitados para o projeto de qualificação de servidores. Convenceu o governo e investidores privados a participar da empreitada. Os alunos selecionados receberiam uma bolsa para que se sustentassem no Rio. E, assim, numa dessas incursões de Benedito Silva no Maranhão, Joaquim Campelo Marques foi escolhido em pleno gozo de férias, em 1952. O salário era baixo, mas dava para um rapaz solteiro se manter.

Terminou jornalismo na Faculdade de Filosofia, mas não conseguiu concluir direito e administração. Fora eleito presidente do Diretório Estudantil na Ebap. Ficou no cargo durante três anos e acompanhou as lutas em favor do petróleo brasileiro, como nacionalista radical que era. Mas não mergulhou fundo na política estudantil, por timidez, pela dificuldade de falar em público. Foi aluno e se tornou admirador de um de seus mestres, Aurélio Buarque de Holanda Ferreira. Acabou expulso da Ebap, por participar de manifestações que exigiam para a escola, junto ao Ministério da Educação, o status de curso superior: escrevera um artigo virulento contra o diretor Benedito Silva, que não o desculpou.

Sem o dinheiro da bolsa, e já formado em jornalismo, Campelo teve que procurar emprego. Em 1956, o amigo maranhense Lago Burnett, poeta, jornalista e escritor, levou-o para trabalhar como redator em "O Cruzeiro". Ficou apenas um ano, porque a revista estava decadente e começava a demitir. Em 1960, chegou ao "Jornal do Brasil", sempre pelas mãos de Lago Burnett. Durante as manhãs e nos fins de semana, tinha uma outra atividade, que lhe iria marcar definitivamente o futuro: ajudava, sem receber nada, o Mestre Aurélio Buarque de Holanda nas correções de provas do Colégio Pedro II, em pesquisas e na revisão e atualização do "Pequeno dicionário da língua portuguesa", principal produto e garantia de sobrevivência da Editora Civilização Brasileira.

Campelo conheceu Aurélio quando o mestre alagoano foi contratado pela Ebap. Ele substituiu o gramático Adriano da Gama Kury, que tinha problemas com as turmas. Kury era um especialista nos meandros da língua portuguesa, autor de livros sobre o tema, mas não conseguira boa receptividade entre os alunos. A Ebap foi então buscar no Colégio Pedro II o Mestre Aurélio, indicado pela maioria dos próprios estudantes. Aurélio era o oposto do circunspecto Kury. Um grande didata, com aulas vivas e interessantes. Tinha o dom da palavra e um contagiante senso de humor.

A aproximação foi inevitável porque Campelo, desde a adolescência em São Luís, era um cultor do idioma e leitor insaciável. Mesmo depois de expulso da Ebap, manteve a amizade e uma relação de quase adoração com o Mestre. Passou a ajudá-lo sem nada cobrar. Campelo tinha a sensação de que Aurélio o achava rico e poderia alavancar o projeto de um dicionário. Joaquim Campelo tivera na Ebap amigos que, diferentemente dele, concluíram o curso e se mudaram para São Paulo, onde formaram uma assessoria econômica e administrativa para o governador Carvalho Pinto, que exerceu o mandato entre 1959 e 1963. Esses amigos teriam mais tarde um importante papel nos projetos da dupla Aurélio e Campelo. Eram Jorge Hori, João Luiz Eize, Luiz Dória, Mauro Garcia Corrêa, Carlos Alberto Filizola, Valdemiro Teixeira e Raimundo Souza Costa. Os sete conseguiram ganhar bastante dinheiro.

Aplicado, detalhista, estoico, capaz de trabalhos solitários em recintos fechados por várias horas, desconfiado, casmurro, alto para os padrões da época, magro, ascético, com um rosto moreno encovado em que se aninhavam fartos bigodes em forma de trapézio, às vezes acompanhados de cavanhaque, Campelo era o auxiliar ideal. Principalmente porque trabalhava de graça. Raramente se irritava ou perdia o controle; em situações polêmicas, lançava mão de sarcasmo e ironia, suas armas. Sempre cultivou um senso de humor peculiar, que soaria agressivo a quem não o conhecesse. Chegava ao apartamento do Mestre, no Edifício Duque de Caxias, na Praia de Botafogo 48, no quarto andar, por volta das 8h, e trabalhava até o almoço – pegava em "O Cruzeiro às 16h. Raramente, porém, era convidado para almoçar.

Disciplinado, Campelo estranhava os hábitos de Aurélio, que acordava às 10h ou 11h, era desorganizado e caótico. O Mestre, segundo ele, era um pesquisador brilhante, leitor compulsivo, mas preguiçoso à sua maneira; fazia anotações de forma desconexa, acumulava papéis com novas palavras e definições nos bolsos, em caixas, baús e gavetas. Mesmo assim, fascinado pelo conhecimento do alagoano, achou que valia a pena manter a parceria, e chegava às vezes a trabalhar aos sábados e domingos. Ajudou na atualização do "Pequeno dicionário da língua portuguesa", fez revisões de livros e textos acadêmicos, corrigiu provas dos alunos do Colégio Pedro II e da Escola Normal Carmela Dutra.

Em uma entrevista ao jornalista Roberto Homem, da Agência Senado, em 1999, Joaquim Campelo comparou Aurélio ao outro grande filólogo brasileiro, Antônio Houaiss: "Havia muita diferença entre um e outro. Houaiss tinha uma sólida formação acadêmica, e o Aurélio, mesmo sendo formado em direito, era um autodidata nas áreas de lexicografia, etimologia e linguística. Mas tinha um talento natural muito grande para definições, para a gramática, era um formulador nato. Houaiss sabia mais latim e grego do que Aurélio, que sabia pouquíssimo. Mas Aurélio, digamos, era ecumênico e tinha facilidade para elaborar e transmitir. Antônio Houaiss era complicado, introspectivo, talvez por essa condição de saber mais profundamente. Comparo Houaiss com o Gustavo Corção e Aurélio com o Alceu Amoroso Lima. Os dois eram teóricos do catolicismo, mas Corção era mais profundo, enquanto Alceu era mais ecumênico".

A suposta introspecção de Antônio Houaiss não passava de impressão de Campelo. Como Aurélio, Houaiss era um homem de muitos amigos, de boa conversa, organizador do "Vocabulário ortográfico da língua portuguesa", da Academia Brasileira de Letras, autor de duas grandes enciclopédias, a "Mirador" e a "Delta Larousse", diplomata de carreira, tradutor e autor de dois dicionários inglês-português.

* * *

Dentre os trabalhos em que colaborou com Aurélio Buarque de Holanda em sua casa, Joaquim Campelo destaca as últimas versões de "Mar de histórias", a coletânea dos melhores contos da literatura universal traduzidos para o português com Paulo Rónai. Campelo ajudava na revisão e ia cedo para o apartamento do Mestre; corrigia as imperfeições e erros das provas de "Mar de histórias" que vinham da gráfica já traduzidas. Uma das coisas que o incomodavam naquela rotina, que às vezes incluía café da manhã, era o hábito de Aurélio de fumar muito na pequena sala do apartamento improvisada como escritório.

Campelo nunca recebeu um tostão pelo trabalho de assistente; contentava-se com o aprendizado e com a companhia do Mestre. Aurélio, por sua vez, considerava que a experiência e os conhecimentos que passava ao auxiliar eram pagamento suficiente e nunca tocou no assunto. Com o acúmulo de tarefas, o aluno realmente aprendeu com o Mestre a técnica de dicionarista, e disse que jamais conheceu alguém com memória tão afiada e organizada, além da admirável obstinação para chegar à perfeição de definições, de conceitos. Mas em seu próprio ritmo e estilo.

Joaquim Campelo também colaborou com Aurélio quando a Editora José Olympio resolveu preparar um "Vocabulário ortográfico" com base na reforma dos anos 40, que buscou sistematizar a língua portuguesa – até então, em Portugal era de um jeito; no Brasil, de outro. O trabalho foi feito pelo revisor Manuel da Cunha Pereira, competente, porém desconhecido nos meios acadêmicos. Colega de Manuel na redação da edição brasileira da revista "Seleções – Readers Digest", o escritor goiano José J. Veiga, autor de uma obra-prima, o livro de contos "Os cavalinhos de Platiplanto", sugeriu que buscassem um nome de peso para ser o coautor. A escolha recaiu sobre Aurélio. E Campelo, mais uma vez, atuou como seu parceiro.

O sucesso da empreitada levou a "Seleções" a lançar um produto editorial na mesma linha, "Enriqueça seu vocabulário", tam-

DE VOLTA A MACEIÓ
Aurélio com os amigos Arnoldo Jambo, Paschoal Carlos Magno e Bráulio Leite em um encontro, nos anos 60, no recém-inaugurado Mirante da Sereia

bém a cargo de Manuel da Cunha Pereira. Com uma diferença: seria publicado em fascículos. E novamente Aurélio Buarque de Holanda foi chamado para ser coautor. Já o livro da José Olympio, ao ser lançado, ganhou uma introdução de 30 páginas escrita por Aurélio, que no fim das contas assinou sozinho como autor da obra.

* * *

O primeiro dicionário de língua portuguesa, na verdade, era também de latim: o "Vocabulário português e latino", elaborado entre 1712 e 1721 pelo padre Rafael Bluteau, da Ordem de São Caetano. Filho de pais franceses nascido em Londres, ainda menino se mudou para Paris com a mãe, e depois estudou em Roma. Bluteau aprendeu o português como noviço e, por causa do domínio do idioma, foi transferido para Lisboa em 1668, aos 30 anos. Logo se tornou um religioso de grande prestígio acadêmico e caiu nas graças da Rainha Maria Francisca de Saboia, francesa e mulher do rei lusitano Afonso VI.

O casamento real havia sido, na verdade, uma aliança política dos dois países: Portugal contara com a França para obter e garantir a independência em relação à Espanha, a quem estava subordinado desde que morreu o jovem Rei Dom Sebastião, na Batalha de Alcácer-Quibir, em 1578. A morte do monarca, solteiro e sem parentes próximos, resultou na crise dinástica de 1580, quando Felipe II da Espanha obteve reconhecimento de sua autoridade sobre Portugal, ao alegar ser primo de Dom Sebastião. A França, por sua vez, contava exercer controle sobre um Portugal independente, por meio de sua rainha da Casa de Saboia.

Sob a proteção da rainha, o padre Bluteau começou em 1712 a trabalhar em seu dicionário, que tinha um título quilométrico: "Vocabulario portuguez e latino, aulico, anatomico, architectonico, bellico, botanico, brasilico, comico, critico, chimico, dogmatico, dialectico, dendrologico, ecclesiastico, etymologico, economico, florifero, forense, fructifero, geographico, geometrico, gnomonico, hydrographico, homonymico, hierologico, ichtyologico, indico, isagogico, laconico, liturgico, lithologico, medico, musico, meteorologico, nautico, numerico, neoterico, ortographico, optico, ornithologico, poetico, philologico, pharmaceutico, quidditativo, qualitativo, quantitativo, rethorico, rustico, romano, symbolico, synonimico, syllabico, theologico, terapeutico, technologico, uranologico, xenophonico, zoologico, autorizado com exemplos dos melhores escritores portuguezes, e latinos, e oferecido a el rey de Portugal D. João V". O trabalho ambicionava abranger todas as palavras do idioma, inclusive as que haviam surgido na colônia Brasil.

Mas não era ainda o dicionário de uma língua portuguesa. Consistia numa enciclopédia de latim e português, centrada no conhecimento humano acumulado até aquele momento histórico. Foram nove anos de trabalho. Os volumes I e II, elaborados em 1712; o III e o IV, em 1713; o V, em 1716; o VI e o VII, em 1720; e o VIII, em 1721. Ao todo, reunia 43.600 palavras. Bluteau retornou a Lisboa em 1727, com a rainha já morta, e até 1728 acrescentou mais dois volumes, com cinco mil vocábulos.

O Brasil colônia ganharia depois, ao longo do século XVIII, mais e mais importância, até se transformar na sede do Império Português em 1808 e recriar a língua de forma absoluta. Mas a história do idioma português é muito anterior a tudo isso.

Os primeiros habitantes da região que hoje se chama Península Ibérica foram os lígures e os iberos, que se misturaram aos celtas, conjunto de tribos do ramo linguístico indo-europeu espalhadas por boa parte do continente, de Portugal (Lusitânia) à região que hoje é a Turquia (Anatólia). Por volta do século II antes de Cristo, chegaram à Lusitânia os romanos, com sua colonização avassaladora, que incluía, além da administração, a cultura, a língua, as leis e os métodos. Muito mais importantes do que a força das armas.

Com os romanos, veio o latim vulgar, falado pelas pessoas

do povo (o clássico se restringia a classes abastadas, poetas e filósofos), que passou a idioma dominante, mas com influência dos antigos celtas. O português, lentamente, começou a tomar forma no atual território e no que hoje é a Galícia espanhola, fazendo desaparecer as antigas línguas locais – o espanhol falado na Galícia lembra bastante o português.

O idioma português, com a incorporação de palavras árabes trazidas pelos mouros, foi adotado como língua oficial de Portugal em 1297 pelo Rei Dom Dinis. A partir do século XV, espremido entre a Europa e o Atlântico, o país entrou na era das grandes navegações como império colonial. O português chegou então ao Novo Mundo, à África e à Ásia, levado pelos colonizadores e pelos marinheiros, e iria se tornar, aos poucos, um idioma internacional, criativo, utilizado no comércio, nas colônias africanas, na catequese, cada vez mais popular e dinâmico. O ensino da língua portuguesa se democratizou, tanto na fala quanto na escrita e, por decorrência, na leitura.

Aquela escrita arcaica, empolada, ornamentada, que caracterizava o português culto, aristocrático, foi substituída, no correr da história, por um idioma mais coloquial e prático. Estava tudo pronto, no fim do século XVIII, para um dicionário que capturasse todas essas mudanças. O português usado em correspondências e nas demais atividades sociais, políticas e comerciais, no dia a dia de portugueses, brasileiros e africanos, não era mais aquele da carta de Pero Vaz de Caminha a El Rei Dom Manuel, o Venturoso. Precisava, pois, de uma dicionarização, de uma fixação de seu uso, de sua sintaxe, de sua lexicografia. Requeria muita pesquisa.

O primeiro dicionário exclusivo da língua portuguesa foi publicado em Lisboa em 1789, ano da Revolução Francesa e da Inconfidência Mineira, por um brasileiro, o intelectual Antônio de Morais. Chamava-se "Dicionário da língua portuguesa composto pelo padre D. Rafael Bluteau, reformado e acrescentado por Antônio de Morais Silva, natural do Rio de Janeiro" – embora Morais fosse nascido em Pernambuco. Atribui-se a razões políticas e à pesada influência da Igreja Católica a menção ao padre Bluteau, morto 55 anos antes do lançamento. Morais preparou a segunda edição da obra no engenho de sua família, em Pernambuco. Claro que um dicionário não é uma criação absoluta; é um plágio legítimo e em ordem alfabética, que se serve do que foi feito antes em outros dicionários e que permanece como válido, mas acrescido da evolução do idioma, de novas palavras e significados, e da visão do novo autor.

O "Morais", como passou a ser chamado o dicionário, acrescentou 22 mil novas palavras à obra do padre Bluteau, e eliminou 16 mil outras, consideradas arcaísmos e latinismos fora de uso, informações bilíngues, citações supérfluas, enciclopedismos científicos. Morais evitou erudições desnecessárias, acrescentou informações gramaticais e semânticas, utilizou abonações – as tais citações de autores reconhecidos, como forma de legitimar o significado de uma palavra. O "Morais" saiu com 70 mil verbetes. Apenas 5% do trabalho de Bluteau foram mantidos. Durante quase 200 anos, o dicionário de Antônio de Morais Silva foi a grande obra de referência da língua portuguesa e a base para a elaboração de outros dicionários, além de ser usado para documentos. Foi reeditado várias vezes, com atualizações.

Grandes romancistas, historiadores e linguistas portugueses, como Camilo Castelo Branco e Alexandre Herculano, passaram a valer-se do "Morais" e a recomendá-lo a escritores, estudantes e jornalistas. Foi Camilo, aliás, quem primeiro usou a alcunha de "Morais" para se referir ao "Dicionário da língua portuguesa", que teve sua segunda edição apontada até hoje como a melhor. Em 1948, a obra de Antônio de Morais Silva ganhou uma versão que modificou bastante as anteriores, com a adição de novas palavras usadas no Brasil. Chegou às livrarias em dez volumes.

• • •

No fim dos anos 50, todos os principais editores do país já acreditavam que seria Aurélio Buarque de Holanda o autor do grande dicionário da língua portuguesa que o mercado editorial tanto esperava. O "Webster" ou o "Oxford" brasileiro. Mas Joaquim Campelo via um grave problema: na confluência da busca da perfeição com a realidade prática do trabalho, Aurélio se perdia. Ele havia formado seu prestígio com o "Pequeno dicionário" e com o "Enriqueça seu vocabulário", da revista "Seleções", e completava o orçamento doméstico de classe média alta com consultorias (não tão rentáveis na época), traduções, palestras e os direitos autorais de "Mar de histórias". Tinha reconhecimento nos meios literários e acadêmicos do Rio e de todo o país. Era adorado pelos amigos do universo intelectual da então capital da República.

Foi então que Marques Rebelo e Herberto Sales, amigos de Aurélio, tiveram a ideia de publicar um dicionário em fascículos na revista semanal "O Cruzeiro", que pertencia aos Diários Associados, maior grupo de comunicação do país, capitaneado por Assis Chateaubriand, o pioneiro da televisão – o conglomerado incluía ainda emissoras de rádio, jornais e agência de notícias.

"O Cruzeiro" se tornou um fenômeno desde o lançamento, em 1928, com tiragem semanal de mais de 50 mil exemplares – chegou a 720 mil somente com as vendas em banca em agosto de 1954, com a cobertura da crise política e do suicídio do presidente Getúlio Vargas. Tinha grandes nomes, como o repórter David Nasser, o fotógrafo francês Jean Manzon (que trabalhara na revista "Paris Match" e no jornal "Paris-Soir"), o jornalista, tradutor e artista plástico Millôr Fernandes, o cartunista Péricles (do personagem O Amigo da Onça). Era leitura quase obrigatória nos centros urbanos do país. Inovadora, criativa e com seções destinadas às mulheres, algo incomum em grandes publicações.

Quando, no entanto, Assis Chateaubriand sofreu um AVC, e perdeu a voz e os movimentos, a revista iniciou um lento processo de decadência, acelerado mais tarde pelo crescimento da concorrente "Manchete", de Adolpho Bloch, imigrante ucraniano de origem judaica. "Manchete" fora lançada em 1952, mas teve enorme impulso com a substancial ajuda do presidente Juscelino Kubitschek durante seu governo. JK precisava de um grande veículo de apoio para se defender dos ataques de Chateaubriand.

Foi naquele momento, o da busca por retomar a vanguarda e revigorar a tiragem, que "O Cruzeiro" atendeu à sugestão de Herberto Sales e Marques Rebelo, e se lembrou de Aurélio Buarque de Holanda. Os jornais e revistas estavam tomados por uma grande novidade, os fascículos semanais, lançados com sucesso pela Editora Abril e adotados também pela argentina Codex, com duas coleções, "Tecnorama" e "História da Segunda Guerra Mundial". Os editores de "O Cruzeiro" imaginaram então um grande dicionário da língua portuguesa publicado toda semana, progressivamente, e distribuído gratuitamente como brinde aos leitores.

Herberto Sales, autor de mais de uma dezena de romances, livros infantojuvenis e memórias, havia estreado como escritor em 1944, aos 27 anos, com "Cascalho", um romance regional ambientado no sertão baiano e de surpreendente qualidade para alguém tão jovem. A história trata dos conflitos na zona de mineração de diamantes perto de Andaraí, cidade natal do escritor, na Bahia. Sales valeu-se do conhecimento que tinha da vida dos garimpeiros, das condições de trabalho nas minas e da violência que envolvia a realidade da busca e comercialização de diamantes. Para compor a obra, conviveu com eles, inclusive em conversas em bares e noitadas. E enviou uma cópia para um concurso literário promovido pela "Revista do Brasil", que tinha como secretário justamente Aurélio Buarque de Holanda. Ficou em segundo lugar, o que lhe provocou uma grande decepção.

Resolveu então voltar para a Bahia, abandonar a literatura e queimar os originais. Aurélio, porém, impressionado com o que leu, guardou a cópia enviada para a revista, a fim de coletar palavras e regionalismos, e garantiu a publicação pela Editora O Cruzeiro, de Assis Chateaubriand. O livro foi um sucesso e obrigou Herberto Sales a se mudar para o Rio, onde fez carreira como jornalista e escritor, e cultivou uma longa amizade com Aurélio.

O convite de Sales e Marques Rebelo para lançar um dicionário em fascículos foi imediatamente aceito por Aurélio. Até porque ele estava sempre necessitado de aumentar seus vencimentos.

VIZINHOS
Herberto Sales e a mulher, Maria Juraci: grandes amigos do casal Aurélio e Marina

Hoje, seriam mais ou menos o equivalente a R$ 5 mil por mês, mais secretária, assistentes, pesquisadores e especialistas para cada um dos assuntos, além de um escritório bem montado.

A revista, porém, cumpriu somente uma parte do contrato, o pagamento mensal. A estrutura de trabalho prometida não existiu. Aurélio contou apenas com o auxílio gratuito de Joaquim Campelo e, depois de dois anos, não havia entregue sequer uma página. O distrato foi amigável, o Mestre ficou dispensado de devolver o dinheiro já recebido e ainda levou uma boa indenização. "Não saiu nada. Um dicionário ou uma enciclopédia, essas grandes obras de referência, necessitam de uma equipe para pesquisa. Ninguém é enciclopédico o bastante para fazer tudo sozinho, com apenas um auxiliar. Tem que ter equipe, e Aurélio não a teve naquele momento", diz Campelo.

O fracasso do projeto arranhou tanto a imagem da revista, já decadente, como a do próprio Aurélio. Os possíveis interessados na sua grande obra, ainda por vir, começaram a ficar escaldados. A desorganização do Mestre, sua ambição em perseguir a obra perfeita e a falta de uma boa estrutura de trabalho o levavam a descumprir contratos – embora no caso da revista "O Cruzeiro" a culpa deva ser dividida com o contratante. Mas o sonho de Aurélio de construir um monumento para a língua portuguesa continuava vivo.

Enquanto mantinha sua rotina de revisões, traduções e atualização do "Pequeno dicionário da língua portuguesa", sempre com o fiel auxílio de Campelo, Aurélio continuava a garimpar palavras em velhos livros, em publicações regionais, nos clássicos, em dicionários, em conversas vadias com garçons, porteiros e gente humilde, e com amigos de diferentes estados, na música popular, nas ciências. Uma exaustiva e minuciosa busca pela perfeição e pela abrangência total de suas definições. "Desde cedo eu vivo da palavra! Me deito às vezes com graves problemas – com o dicionário, com a vida, com mil coisas. Pois bem, só durmo sob a ação da palavra. Procuro me lembrar de poemas. Fernando Pessoa, por exemplo: 'Dizem que finjo ou minto tudo que escrevo. Não, eu simplesmente sinto com a imaginação'. Me lembro até de versos que depois o adulto passou a detestar, mas que a criança ama ainda. Com 12 ou 13 anos, você lê Coelho Neto. Com 40, ataca Coelho Neto. Depois, (...) chega a fase da revisão, onde acho que nem tanto ao mar, nem tanto à terra", disse na entrevista de 1975 ao "Pasquim".

A partir da 11ª edição do "Pequeno dicionário da língua portuguesa", em 1964, o nome de Aurélio passou a ser o único a constar na capa da publicação da Editora Civilização Brasileira. Logo, porém, houve um desentendimento com o amigo Ênio Silveira. Aurélio exigiu aumento de salário, porque o dicionário já saía há algum tempo exclusivamente com o seu nome, e ele recebia apenas como revisor. Ênio respondeu que não pagaria mais, porque Aurélio não cumpria prazos, o que causava prejuízo quase insuportável à editora. E a relação profissional acabou rompida.

O perfeccionismo de Aurélio realmente lhe custou a fama de relapso em relação a prazos. O amigo Barbosa Lima Sobrinho, em artigo no "Jornal do Brasil", em 27 de março de 1975, sugere que um teste vocacional teria demonstrado que Aurélio tinha o perfil de um poeta ou de um ficcionista, e não de um dicionarista: "Para fazer um dicionário, exige-se, acima de tudo, continuidade e perseverança. Já Anatole France havia observado, a respeito de Arsène Darmesteter, que publicara com Hatzfeld um excelente dicionário de língua francesa, que seus predicados essenciais eram o método, a disciplina, o anseio do construir. E Aurélio Buarque de Holanda...".

Advogado, historiador, escritor, presidente da Associação Brasileira de Imprensa e político, Barbosa Lima Sobrinho diz em seu artigo que Aurélio era um homem "conduzido pela imaginação, (que) não resiste às tentações da vida dispersiva, no gosto pelas palestras sem fim, pelas noitadas de prosa, pelas conversas de esquina, com um companheiro de que não gostaria de despedir-se". Mas logo busca justificar o paradoxo que via entre a persona de Aurélio e o seu ofício de dicionarista: "Creio que o ponto de partida – e é quase um milagre – estava na acumulação de saber e no prestígio que essa cultura foi atribuindo a Aurélio. De certo modo, um especialista de verdade, uma autoridade indiscutível. Os consultórios abertos ao público iam concorrendo para que todos lhe pedissem conselhos, que acabavam valendo como sentenças".

Mesmo antes da publicação do dicionário, o Mestre já era, há mais de uma década, o grande consultor lexicográfico de colegas escritores – dos grandes escritores. Para Barbosa Lima Sobrinho, portanto, a autoridade e o prestígio levaram Aurélio forçosamente à condição de dicionarista, mesmo sem ter as características naturais para a empreitada. Já era reverenciado pelos amigos ficcionistas, poetas e gramáticos, e por isso foi tão natural a adoção do substantivo "Aurélio" como referência lexicográfica para o dicionário.

As consultas de escritores e professores eram feitas pessoalmente, de forma mais profunda, nos encontros em casas, bares, restaurantes ou na Academia Brasileira de Letras, e até mesmo pelo telefone, de forma ligeira e ocasional. "Feita a consulta, à mesa do chá, na calçada da rua ou no vão do corredor, e a resposta não tardava – objetiva, límpida, transparente", escreveu em 15 de abril de 1975, no "Jornal do Brasil", o maranhense Josué Montello.

Em seu texto, Montello também buscou justificar as quebras de prazo estabelecidas em contratos. Segundo o escritor, a feitura de um dicionário é uma obra permanente, que não se pode submeter a prazos rígidos. E citou o exemplo do médico e linguista francês Émile Maximilien Paul Littré (1801-1881), autor do "Dictionnaire de la langue française", conhecido como "Littré", publicado em 1863. "Trinta anos levou ele a reunir as palavras de seu dicionário, sem descanso, ininterruptamente, como se carregasse, uma a uma, nos ombros que a idade ia vergando, todas as pedras de um monumento". Josué Montello acrescentou que a Academia Francesa havia consumido o dobro desse tempo na elaboração de seu próprio dicionário, assim como a Real Academia Espanhola. Portanto, as críticas ao tempo que Aurélio levou para elaborar seu trabalho seriam injustas: "E a verdade é que a obra aí está, plantada na rocha, como a casa da parábola evangélica, e pronta a desafiar a idade e os vendavais".

Sobre Littré e o seu "Dictionnaire de la langue française", Aurélio Buarque de Holanda escreveu, no prefácio do seu próprio dicionário, que foi um trabalho que consumiu 14 horas diárias do francês. E acrescentou:

E – note-se – a páginas tantas, havendo comido, à hora de suspender a atividade para se deitar (quatro da manhã), dois vidros de geleia, em vez de um, como de ordinário fazia, sobreveio-lhe uma indigestão e, daí, o medo de morrer deixando a obra inconclusa, o que o fez recorrer à ajuda da filha.

∗ ∗ ∗

O ano de 1961 foi marcante para Aurélio Buarque de Holanda. Eleito em 4 de maio para a cadeira número 30 da Academia Brasileira de Letras, tomou posse em 18 de dezembro e coube a Rodrigo Octávio Filho as honras de praxe. O discurso durou quase uma hora e teve citação de um trecho de um poema do português Antônio Nobre. Lembrou Gonçalves Dias, e homenageou o antecessor, Antônio Austregésilo de Lima, e o fundador Machado de Assis. Descreveu em detalhes sua infância em Alagoas. Eis um trecho:

A mim, o mar ("Oceano terrível, mar imenso", amedrontava-me Gonçalves Dias, nas páginas do "Quarto livro de leitura", de Felisberto de Carvalho), o mar me sugeria menos as terras longínquas, alongadas, os "outros mundos, do que o outro mundo" - céu. O céu era fronteira do oceano, por mais que, porta-voz dos geógrafos, me asseverasse o contrário à minha professora. Mais certa, para mim, a geografia de um colega de classe.

"Pelo mar a gente vai ao céu, rapaz!" - assegurava ele. E contava do menino que um dia saíra a pescar, "e a jangada foi-se afastando, foi-se afastando da terra, que quando ele deu fé estava junto-junto do céu. Aí o pequeno fez um rombo no céu com a vara de pesca, mas não houve nada, não, graças a Deus, que São Pedro, habilidoso que só ele, remendou tudo bem remendado, com sabão".

Fui, assim, de criança, timidamente contemplativo. Ajudava-me esse pendor e disposição de espírito a bocejante modorra da cidadezinha, o remorado ritmo de sua vida, e os coqueiros que a cingem "a dialogar com a imensidade", como as palmeiras, suas irmãs, de um poema de Alberto de Oliveira. Lá das alturas da torre de sua copa, o pernalto, embora volta e meia desgrenhado pelo quase incessante vento mareiro, parece evadido ao bulício do mundo e entregue à ascese da meditação. E contagia-nos desse hábito e gosto, para cujo exercício o mar, ali próximo, também oferecia matéria farta e contínua.

E dentro do coração do menino o mistério ganhava corpo e asas. Corpo e asas dilatavam-se com as histórias de Trancoso, contadas por meu Pai e amigos meus, à noite (porque: "quem conta história de dia cria rabo de cotia"...), na calçada de casa, quando se calava

IMORTAL
Discurso na cerimônia de posse na Academia Brasileira de Letras, em 1961: Aurélio ocupou a cadeira número 30

a luz dos lampiões espaçados e capiongos, e o luar tomava conta de tudo, furtando o sono e prodigalizando sonhos que prescindiam de olhos fechados. Avultava, à brancura lunar, um mundo arrepiantemente escuro de mal-assombrados. Eram proezas da Caipora, do Lobisomem, do Fogo-Corredor, do João-Galafoice: e era o medo a nos arregalar os olhos e apertar-nos os corações.

A posse na Academia Brasileira de Letras foi decisiva para que Aurélio aumentasse ainda mais seu prestígio de grande conhecedor das palavras. Na entrevista ao "Pasquim", ao falar sobre a imortalidade que lhe garantia a criação de um dicionário com o seu nome, o Mestre respondeu: "Já sou imortal tendo ingressado na Academia Brasileira de Letras. O primeiro importúnio que isso me dá é ficar rodeado de defuntos". Aurélio disse ainda que recebeu do colega Antônio Houaiss a proposta de levar a ABL a organizar debates acadêmicos, doar bolsas de estudo, promover pesquisas. Mas, para ele, isso "não é da natureza das academias. O academicismo já entra lá numa certa idade em que se quer sombra e água fresca" – curiosamente, a palavra *importúnio* está na fala de Aurélio ao "Pasquim", mas não se tem registro dela nem no "Aurélio" nem no "Houaiss".

Mesmo com o prestígio que lhe agregava o fardão de imortal, a credibilidade de Aurélio Buarque de Holanda no mercado editorial estava mesmo comprometida ao longo dos anos 60. Mantinha tanto o respeito que conquistara como lexicógrafo, gramático e linguista, competente tradutor e notável didata, quanto a fama de desdenhar dos prazos e de não entregar os trabalhos pelos quais cobrava antecipadamente. Porém, depois de Aurélio passar quatro anos apenas dando aulas e fazendo consultorias e traduções, um ousado editor resolveu correr o risco e convidá-lo para um novo dicionário em fascículos.

III.
saga

[Duma raiz germânica a que se filiam o alemão *sagen* e o inglês *to say*, dizer, pelo francês *saga*]

S.f. **1.** Designação comum às narrativas em prosa, históricas ou lendárias, nórdicas, redigidas sobretudo na Islândia, nos sécs. XIII e XIV: "Sua imaginação [de Agripino Grieco] diverge, essencialmente, da mística e nebulosa imaginativa nórdica, da que, nas noites imensas das florestas escandinavas, nas brumas do Báltico …. , engendrou as *sagas* bárbaras e terríveis." (Ronald de Carvalho, Estudos Brasileiros, 2ª série, p. 94.) **2.** Canção baseada nalguma dessas narrativas. **3.** *P. ext.* Canção heróica ou lendária. **4.** *P.ext.* História ou narrativa rica de incidentes: "Os Moura Alves têm a sua *saga*, uma história que talvez desse para escrever não um único livro, mas vários" (Maria Alice Barros, *Um Nome para Matar*, p. 37).

Em 1965, Abrahão Koogan, dono da Editora Delta, resolveu comprar a briga para publicar, em fascículos, um dicionário da língua portuguesa com a assinatura de Aurélio Buarque de Holanda. Koogan, nascido na antiga Bessarábia, parte do Império Otomano, hoje dividida entre Moldávia e Ucrânia, tinha então 52 anos. De origem judaica, chegara ao Brasil ainda menino, depois da Primeira Guerra Mundial. Mais do que um editor, ele era um homem de negócios, de grande visão e energia. A família de imigrantes não viera com muitos recursos, e assim Koogan, enquanto estudava, foi vender guarda-chuvas na rua para ajudar nas despesas. Quando terminou o colégio, resolveu entrar no ramo editorial. E pensou grande. Até os anos 50, já tinha criado 16 editoras, cujos alvarás ficavam pregados em um painel de feltro na antessala da Delta, fundada em 1952.

Antes de chegar ali, Koogan havia feito fortuna e criado as editoras Pilar, Corrente, Guanabara, Koogan e várias outras, cada uma com um perfil próprio. Foi pela Editora Guanabara que Koogan se tornou o primeiro editor brasileiro a publicar a obra completa de Sigmund Freud, devidamente traduzida por estudiosos brasileiros.

Vestia-se com apuro, sempre de terno, óculos, rosto avermelhado, corpo robusto e baixa estatura. Especializou-se em livros de medicina e ciências, com a preciosa colaboração de Antônio Houaiss. Até que sua mãe, Bertha, deu-lhe uma sugestão que o faria dar um salto comercial: por que não traduzir e publicar a obra do austríaco Stefan Zweig, que ela conhecera por meio do jornal editado por judeus nova-iorquinos "Forward", do qual era leitora? Koogan gostou da ideia e conseguiu emplacar o maior sucesso em vendas de livros estrangeiros do país, com os 20 volumes da obra do austríaco, a "Edição uniforme das obras de Stefan Zweig".

Estabelecido em Nova York, Zweig viajaria a Buenos Aires em 1936 para uma reunião do Pen Club argentino. Logo aceitou o convite de Abrahão Koogan para fazer uma escala no Rio e passar 12 dias na cidade. Apaixonado pelo que viu, e temendo a guerra e o antissemitismo em seu país, mudou-se de vez em 1940 e escreveu um livro sobre o Brasil, sob a proteção de Koogan. Fez palestras em várias regiões e ficou encantado com o que considerou um país sem discriminação racial ou religiosa, ainda não estragado pelo turismo.

Stefan Zweig e a mulher, Charlotte, a Lotte, foram morar em Petrópolis, atraídos pelo clima ameno. Lá, ele escreveu e lançou em 1941 "Brasil, país do futuro", criando o epíteto que se tornou como uma maldição, e logo depois o romance "O jogador de xadrez". Chegou a iniciar uma autobiografia com fatos anteriores a 1914, "O mundo que vivi", sobre as mudanças por que passou a Europa no período. Mas caiu em depressão profunda, abalado pelo avanço do nazismo na Europa, o que o levou ao suicídio com veneno, junto com Lotte, em fevereiro de 1942, na casa de Petrópolis. Deixou um bilhete explicando as razões:

DECLARAÇÃO

Antes de deixar a vida por vontade própria e livre, com minha mente lúcida, imponho-me última obrigação; dar um carinhoso agradecimento a este maravilhoso país que é o Brasil, que me propiciou, a mim e a meu trabalho, tão gentil e hospitaleira guarida. A cada dia aprendi a amar este país mais e mais e em parte alguma poderia eu reconstruir minha vida, agora que o mundo de minha língua está perdido e o meu lar espiritual, a Europa, autodestruído. Depois de 60 anos são necessárias forças incomuns para começar tudo de novo. Aquelas que possuo foram exauridas nestes longos anos de desamparadas peregrinações. Assim, em boa hora e conduta ereta, achei melhor concluir uma vida na qual o labor intelectual foi a mais pura alegria e a liberdade pessoal, o mais precioso bem sobre a Terra. Saúdo todos os meus amigos. Que lhes seja dado ver a aurora desta longa noite.

Eu, demasiadamente impaciente, vou-me antes.

Stefan Zweig

* * *

Para Abrahão Koogan, os negócios iam muito bem. Fundou a Editora Delta em 1952, com escritório na Travessa do Ouvidor, no Centro do Rio, e tinha grandes ambições. Montou um conselho editorial com notáveis, entre eles Anísio Teixeira, Darcy Ribeiro, Otto Maria Carpeaux, Péricles Madureira de Pinho – um verdadeiro *dream team*. Além de uma reedição do dicionário "Caldas Aulete", cujos direitos comprou em 1958, Abrahão Koogan lançou em 1960 a versão brasileira da "Grande enciclopédia Delta Larousse", com 15 volumes e inúmeros verbetes referentes ao Brasil. Já pensava em um dicionário da língua portuguesa bem simples e prático, para ser manuseado por pessoas comuns, quando, em 1965, foi procurado por Joaquim Campelo, que começava a mapear o terreno. Paulo Rónai, dileto amigo de Aurélio e de Koogan, ajudou a intermediar o contato.

Campelo não se entregara às delícias do Rio de Janeiro. Trabalhava duro. Já tinha saído de "O Cruzeiro", mas dava expediente das cinco da tarde até a meia-noite no copidesque do "Jornal do Brasil". Durante o dia, ficava na Standard Propaganda como redator e, nos horários livres, batalhava como *freelancer* para a editora argentina Codex, traduzindo os fascículos "Tecnorama" e "História da Segunda Guerra Mundial", o que lhe rendeu, junto com bens de família, a pequena fortuna que hoje equivaleria a R$ 1 milhão. Criou ainda duas editoras, que não chegou a registrar como empresas, a JCM e a Alhambra.

Nos momentos em que colaborava gratuitamente com Aurélio, Campelo havia convencido o Mestre a fazer o dicionário, mesmo com a rejeição do mercado. E saiu em campo para botar o projeto de pé. Pensava em um dicionário em fascículos, como os que traduzira para a Codex, exatamente como planejava Abrahão Koogan. Naquele momento o editor mais sólido do Rio, Koogan havia montado em 1959 um parque gráfico com equipamento de última geração, graças ao GEIL (Grupo Executivo da Indústria do Livro), criado pelo governo Juscelino Kubitschek. Era algo semelhante ao GEIA, que permitiria a instalação relâmpago de uma indústria automobilística no Brasil, à base de incentivos fiscais e redução de tarifas de importação. Para as editoras, JK aliviara de forma considerável as tarifas postais de livros e os impostos para comprar no exterior papel, o insumo mais caro e proibitivo.

A ideia inicial de Joaquim Campelo era bancar, ele próprio, a publicação do dicionário, com os recursos que amealhara. Mas se rendeu à evidência de que a segurança oferecida por Abrahão Koogan e a Delta era irrecusável. Assim, em maio de 1966, foi assinado um contrato com a Editora Delta: Aurélio receberia 4% das vendas, além de um salário fixo equivalente hoje a R$ 10 mil por mês. Koogan alugou todo o sexto andar do Edifício Vifer, na Praia de Botafogo 68, bem próximo da residência de Aurélio, que morava no número 48. Ali, instalou uma redação completa, com máquinas de escrever, seis funcionários – quatro assistentes chefiadas por Joaquim Campelo e uma datilógrafa. Os colaboradores para as áreas específicas – economia, medicina, engenharia, futebol, botânica, moda, esportes etc. – não frequentavam o espaço com regularidade. Campelo mantinha o emprego no "Jornal do Brasil" e ganhava de Koogan mais do que os outros assistentes. Os especialistas recebiam por produção.

Das assistentes contratadas, duas eram experientes filólogas que trabalhavam na Casa de Rui Barbosa e foram indicadas pelos escritores Américo Jacobina Lacombe e Thiers Martins Moreira: Elza Tavares, filha de Osvaldo Tavares, dono das Casas Tavares, rede de lojas de roupas masculinas cujo símbolo era um cachorrinho, e Margarida dos Anjos, filha do escritor mineiro Cyro dos Anjos. Elza tinha uma educação esmerada, fora professora da Université de Poitiers, na França, na cadeira literatura brasileira de cordel. A terceira assistente era a própria mulher de Aurélio, Marina Baird Ferreira, que tinha dois filhos com o Mestre. E a quarta, Stella Rodrigo Octávio Moutinho, filha do acadêmico Rodrigo Octávio, amiga de Marina Baird Ferreira e autora, mais tarde, de um dicionário sobre moda e decoração.

Os colaboradores especialistas em áreas específicas chegaram a mais de cem, alguns espontâneos, como o diplomata, futuro chanceler e senador constituinte Afonso Arinos de Melo Franco,

EQUIPE PRINCIPAL
Da esquerda para a direita, Campelo, os datilógrafos Giovani Mafra e Silva e Elisabeth Dodsworth, Margarida, Aurélio e Marina. Faltou apenas Elza Tavares

ou o então mais notável oceanógrafo brasileiro, o almirante Paulo Moreira da Silva. Ambos telefonavam para passar informações vocabulares de seus campos de atuação e enviavam textos caprichados com as definições. O ex-presidente José Sarney elaborou uma longa lista de regionalismos. O professor Ivan Cavalcanti Proença era o especialista em equitação e hipologia.

A estrutura foi aumentando e chegou a 14 funcionários, com dois datilógrafos, os jovens Giovani Mafra e Silva e Elisabeth Dodsworth. A despesa atingiu ao equivalente, hoje, a cerca de R$ 70 mil por mês, com salários, pagamentos pró-labore aos especialistas, aluguel, manutenção do escritório, impostos e obrigações trabalhistas. Uma cláusula do contrato dizia que, caso Aurélio desistisse e fechasse contrato com outra editora, teria que ressarcir o que fora gasto pela Delta, com juros e correção monetária.

Joaquim Campelo e o próprio Abrahão Koogan, porém, tinham uma ideia diferente daquela de Aurélio sobre o dicionário que deveria ser feito. Com o apoio de Campelo, Koogan queria canibalizar o velho "Pequeno dicionário da língua portuguesa", da Editora Civilização Brasileira, com um dicionário prático, para manuseio de pessoas, digamos, normais (estudantes, professores etc.), além de aproveitar o que outros léxicos já haviam feito. Tudo isso em fascículos mensais. O material seria reunido em cinco volumes, um dicionário simples, mas bem completo. "Copiem o 'Caldas Aulete', que é meu", disse Abrahão Koogan, dias antes da assinatura do contrato.

Campelo aprovava a ideia, e chegou também a distribuir à equipe partes do "Pequeno dicionário". Seriam usados ainda outros três dicionários, os de Laudelino Freire, de Francisco Fernandes e de Antenor Nascentes. O próprio Aurélio reconhecia que, para se elaborar um novo dicionário, era preciso tirar de outros o que poderia ser útil e vital. O Mestre, porém, era mais ambicioso; queria algo maior, original, definitivo. Queria inovar, introduzir palavras correntes, caçar novas e raras "borboletas", buscar abonações em escritores de prestígio.

O editor Geraldo Matheus Torloni, pai da atriz Christiane Torloni, um dos donos da Editora Codex, especializada em livros didáticos e revistas de comportamento e moda, e responsável por lançar Monteiro Lobato em língua espanhola, conviveu com Campelo nessa época, entre 1964 e 1966. Campelo fazia traduções para a Codex e treinava o pessoal para o serviço de revisão de textos. Torloni conta que o amigo trabalhava dia e noite, porque acumulava ainda o "Jornal do Brasil": "Mas o mais importante da sua atividade era junto com o Aurélio Buarque de Holanda na preparação do dicionário. Ele havia deixado muito claro que não podia abrir mão desse compromisso no qual já estava trabalhando havia algum tempo e que, portanto, não poderia dar expediente completo. Fim da tarde e noite no 'JB'. Manhã e parte da tarde no dicionário. O resto do tempo estava à minha disposição".

Torloni lembra que foi diversas vezes ao apartamento no Edifício Vifer, na Praia de Botafogo, onde trabalhava a equipe do dicionário. "Acabei até mesmo datilografando centenas de fichas de verbetes. Assisti ao trabalho árduo, contínuo, silencioso e eficientíssimo do Campelo, recebendo colaboradores, distribuindo tarefas e organizando a equipe", diz.

O contrato entre Abrahão Koogan e Aurélio Buarque de Holanda previa que a obra estaria concluída em 18 meses. Mas passaram-se dois anos, e finalmente Koogan perdeu a paciência, porque nada fora feito. Nem um único fascículo ficara pronto. A

REDAÇÃO
A entrada do Edifício Vifer, na Praia de Botafogo, onde a equipe do dicionário trabalhava

equipe trabalhava duro e cumpria suas obrigações, até divertindo-se bastante com a canibalização dos outros dicionários e o acréscimo de novas informações baseadas em pesquisas, leitura de livros, audição de músicas brasileiras etc.

A coisa empacava justamente no Mestre Aurélio, que retinha o trabalho pelo seu natural perfeccionismo; tentava sempre enriquecer cada verbete com abonações que insistia em procurar em autores consagrados. Era comum que verbetes simples ganhassem mais de cem acepções diferentes. Aurélio não tinha qualquer disciplina ou compromisso com prazos. Parecia satisfeito com o salário fixo da Editora Delta, com o corpo de auxiliares pago por Koogan, e não demonstrava a menor intenção de concluir o trabalho dentro do combinado. Corria atrás apenas da perfeição absoluta – e ao seu estilo.

O Mestre chegava em casa à noite com os bolsos do paletó abarrotados de papéis com anotações de significados para palavras conhecidas ou raras, que havia colhido em sua jornada diária. Transformava tudo em fichas feitas à mão, deixadas em desordem no gabinete doméstico de trabalho. Ele próprio acrescentava novas palavras ao que se canibalizava dos outros dicionários. "As palavras são como borboletas, que passam pela gente e saem voando", explicava, com gestual aberto: "É preciso capturá-las". O verbete *cavalinha*, por exemplo, tinha, no máximo, dois significados nos dicionários da época. Aurélio atribuiu-lhe cinco – dois na área de botânica e três na de biologia –, dos quais três eram brasileirismos.

Em março de 1969, com o prazo de entrega já vencido em mais de um ano e certo de que a coisa não iria andar em um ritmo desejável, Koogan chamou o auxiliar Paulo Geiger e deu-lhe uma missão: "Vá até a redação do Aurélio e veja em que pé está o trabalho". Geiger havia sido contratado por Koogan em 1965, depois de morar seis anos em Israel, para onde foi decidido a estudar história e pensamento judaicos. Ao voltar, conseguiu emprego na Editora Delta para desenvolver obras de referência, enciclopédias e dicionários.

O enviado foi recebido pelo Mestre em meio a uma grande bagunça de papéis, o que era normal, devido à natureza da tarefa – afinal, a equipe estava caçando e identificando palavras. Mas teve a imediata impressão de que o ritmo era muito lento. "O prazo havia terminado, e eles estavam ainda na letra A", diz hoje Paulo Geiger, que foi bem tratado, mas ouviu de Aurélio que não poderia submeter seu trabalho intelectual à lógica industrial de Abrahão Koogan. E que não iria acelerar as pesquisas nem as definições de palavras. Geiger ouviu tudo e no relatório que fez para Koogan não foi negativo. Elogiou a qualidade e a meticulosidade do trabalho, o empenho da equipe e o rigor de todos. Segundo ele, o próprio Koogan deve ter feito uma análise posterior e tirado suas conclusões.

Joaquim Campelo também acompanhou a visita de Geiger e tinha absoluta noção da lentidão do trabalho. Era fruto da desorganização de Aurélio, mas também da própria complexidade da criação de um dicionário. E faz uma ressalva: não estavam empacados na letra A. "Isso não existe na elaboração de um dicionário. Ninguém segue rigorosamente a ordem alfabética, o trabalho é feito de forma integral, de acordo com o surgimento de sinônimos, palavras, e conforme evolui a pesquisa por no-

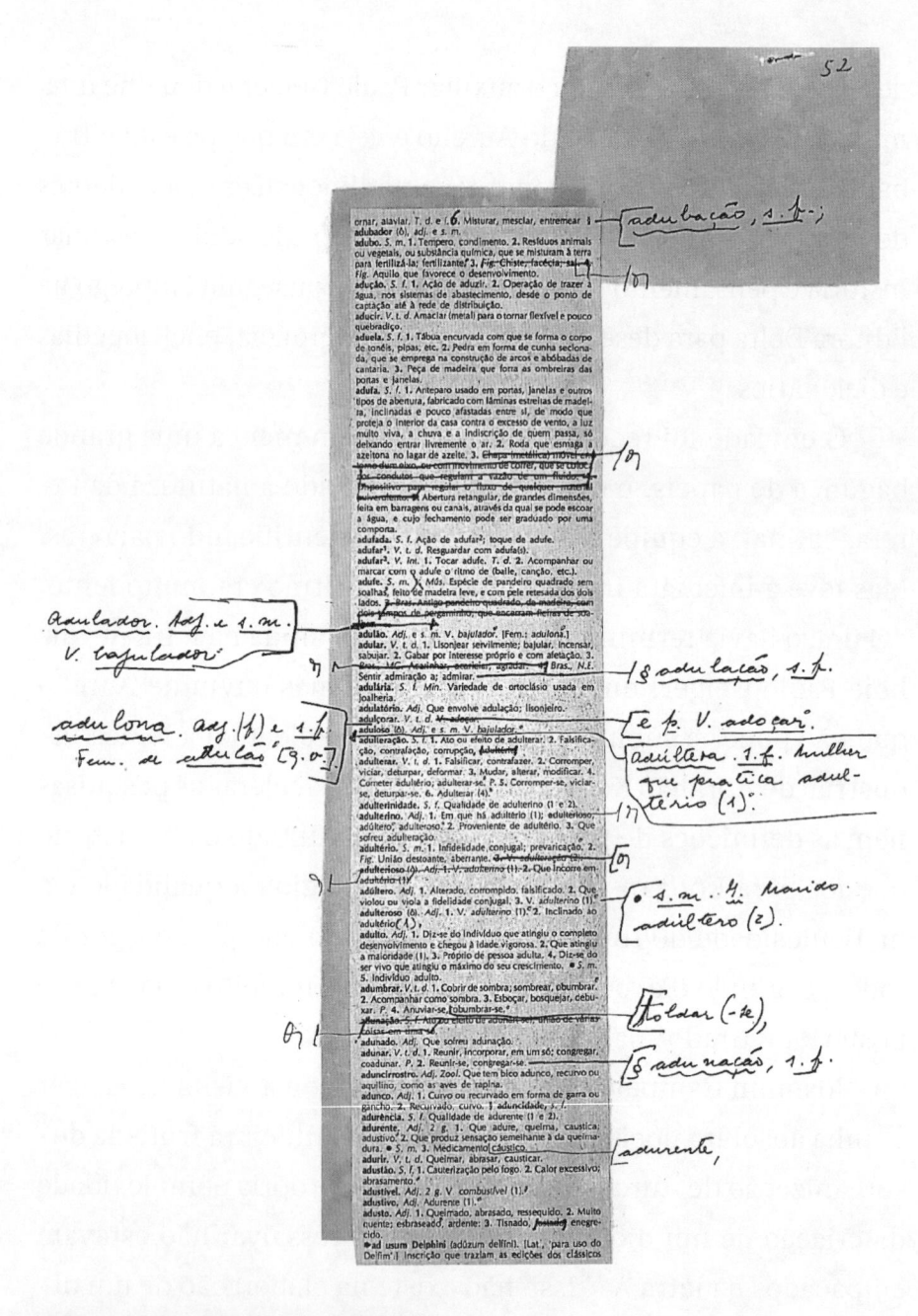

CANIBALIZAÇÃO NECESSÁRIA

Tira cortada de outro dicionário e colada numa folha de papel: a equipe do "Aurélio" fazia anotações à mão para aprimorar os verbetes já existentes, acrescentando novos significados e aperfeiçoando a linguagem vos significados", explica Campelo. Toda a equipe, no entanto, sabia que o prazo estava estourado e que era quase impossível determinar uma data para a conclusão do dicionário, ou mesmo do primeiro fascículo.

Quando decidiu jogar a toalha, Abrahão Koogan surpreendeu pela grande generosidade. Rescindiu o contrato em outubro de 1969, demitiu todo mundo, pagou os direitos trabalhistas da equipe, que já tinha, àquela altura, mais de 20 funcionários, e abriu mão da cláusula que lhe garantiria o reembolso de tudo o que gastara com a empreitada. O imóvel alugado no Edifício Vifer foi devolvido ao proprietário, depois de retirados os móveis. "Foi apenas um mau negócio", diria mais tarde Koogan, com enorme desapego e sem críticas ao fracasso do projeto.

Na malsucedida empreitada, Koogan gastou uma pequena fortuna, bem mais do que o equivalente ao preço de um bom apartamento na Zona Sul do Rio naqueles tempos. Ainda deixou para Aurélio todos os móveis e máquinas comprados para a montagem da redação, além do resultado do trabalho até aquele momento. Apenas um dos envolvidos no projeto, porém, não absorveu o golpe e resolveu seguir adiante, mesmo com o bom senso indicando que poderia ser um erro: Joaquim Campelo.

IV.
mecenas

[Do antr. *Mecenas*, estadista romano (60 a. C. – 8 d. C.) protetor de artistas e homens de letras.]

S. m. 2 n Fig. Patrocinador generoso, protetor das letras, ciências e artes, ou dos artistas e sábios.

Em uma ensolarada tarde no fim de 1969, antes de rumar para a sede do "Jornal do Brasil", Joaquim Campelo olhou para as dezenas de caixas de madeira cheias de fichas com anotações, verbetes, um trabalho imenso de mais de três anos acumulado em um depósito. Resolveu então que tocaria o barco, mesmo sem o conforto de um empregador que bancasse salários para Aurélio, os auxiliares e o seu próprio. Sabia que o Mestre já se habituara a não respeitar compromissos com editores, tinha o seu próprio ritmo não industrial, não costumava entregar dentro do prazo trabalhos já pagos, e que ninguém mais se atreveria a contratá-lo para um projeto. Aurélio se defendia, dizendo que "trabalho intelectual não pode ser comandado por calendário, prazos ou relógio". Comparava os editores a "mercadores", simples comerciantes, e afirmava que não podia "baixar a crista" para eles. Um dicionário não era uma obra que se completaria em um estalar de dedos.

Campelo, por sua vez, já desenvolvia um trabalho febril com as duas editoras informais que havia criado, a Alhambra e a JCM Editores. Por meio delas, tinha publicado mais de dez livros, inclusive traduções de clássicos como "O capote", de Nikolai Gógol; "Os sete enforcados", de Leonid Andreiev; "A filosofia na alcova" e "Justine", do Marquês de Sade; "O homem que corrompeu Hadleyburg", de Mark Twain; "A morte de Ivan Ilitch", de Leon Tolstoi. Publicou ainda André Malraux e André Maurois. Trabalhava com amigos intelectuais, como Luiz Carlos Lisboa e Álvaro Mendes, que cuidavam das traduções do inglês e do francês, enquanto ele próprio traduzia do francês e do espanhol. A experiência com produção de livros, distribuição e divulgação dava-lhe confiança para tocar o projeto do dicionário.

Em dezembro, dois meses depois da demissão geral, Campelo saiu do planejamento para a prática: fez uma primeira reunião formal com Aurélio e toda a equipe que trabalhara para Koogan nos últimos anos. Propôs a criação de uma nova empresa, a J.E.M.M., que se encarregaria de editar e lançar no mercado o sonhado dicionário. Tinha grandes planos. O J era de Joaquim Campelo Marques; o E, de Elza Tavares; o M, de Margarida dos Anjos; e o último M, de Marina Baird, a mulher de Aurélio. A quinta componente do grupo inicial, Stella Moutinho, tinha outros projetos e não topou continuar. A J.E.M.M. foi a primeira editora constituída por Campelo a realmente existir como empresa, com razão social, registro na junta comercial e alvará de funcionamento.

Ficou decidido que as pretensões seriam reduzidas em relação à obra projetada com Abrahão Koogan, e que não mais seria um dicionário em fascículos, porque não dispunham do poder empresarial da Delta. Em vez de um "Grande dicionário", de 400 mil verbetes, Campelo e companhia projetaram uma obra com cerca de cem mil verbetes. Para surpresa geral, Aurélio concordou. Reduziu suas ambições e explicou que considerava um dicionário uma obra aberta, que poderia ser constantemente atualizada em novas edições, mais ou menos de dois em dois anos – diferentemente dos velhos dicionários engessados, que ficavam obsoletos e morriam.

O dicionário seria um produto editorial como qualquer outro do mercado, que deveria gerar lucros, pagar custos e remunerar Aurélio e seus assistentes. O objetivo não era somente a posteridade, mas também a conta bancária. E tudo isso já a partir da primeira edição. Houve, porém, uma dificuldade exposta pelo Mestre: ele disse que vivia exclusivamente do seu trabalho, e precisaria de um pró-labore, não poderia esperar a venda do dicionário já pronto para retirar a sua parte dos royalties. Era necessário receber salários. Tinha filhos adolescentes e obrigações domésticas. Os parceiros se renderam à realidade, e foi a vez de Campelo se virar.

Determinado, ele tomou um ônibus da Viação Cometa na Rodoviária Interestadual do Rio, à época ainda na Praça Mauá, onde existe hoje o prédio da Polícia Federal, e rumou para São Paulo em busca de dinheiro para pagar o pró-labore de Aurélio, alugar um novo escritório e remunerar auxiliares e datilógrafos. Tinha um encontro marcado com os amigos dos tempos da Ebap/Fundação Getúlio Vargas, todos muito bem de vida: Jorge Hori, João Luiz Eize, Luiz Dória, Mauro Garcia Corrêa, Carlos Alberto Filizola, Valdemiro Teixeira e Raimundo Souza Costa. Com eles, Campelo criou uma empresa chamada Planasa, por meio da qual os amigos iriam financiar o projeto. Além de participar do trabalho de dicionarização com as colegas e com Aurélio, Campelo ficaria encarregado de procurar gráfica, produzir o livro e cuidar de toda a logística necessária.

O dinheiro dos sócios paulistas logo começou a chegar. Campelo alugou o andar térreo do mesmo Edifício Vifer, na Praia de Botafogo 68, onde foram instalados a equipe e os móveis remanescentes do período de Abrahão Koogan. Só que os problemas continuaram os mesmos.

O contrato de Campelo e da J.E.M.M. com os paulistas da Planasa, inicialmente, previa que a primeira edição ficaria pronta em um ano, no fim de 1970. Um dicionário pequeno, enxuto. Em vez de ponto e vírgula separando as definições possíveis de cada verbete, haveria numeração.

Campelo sabia, no entanto, que teria problemas com prazos, já que Aurélio não os respeitava. Fatalmente postergaria tudo para receber salários pelo maior tempo possível. Pediu então 30 meses para pagar o que havia sido aplicado. Os amigos de São Paulo seriam ressarcidos pelo que desembolsassem (aluguel, salários, despesas gerais), mais correção monetária. Campelo anotava à mão, em um caderno escolar, os pagamentos que fazia a cada um, e o nome de Aurélio aparecia na lista como o mais bem remunerado.

A equipe estava acrescida do historiador Daniel Aarão Reis, do jornalista Paulo César Farah, do dramaturgo Marcílio Moraes e da professora Sônia Angel – morta sob tortura como presa política em 1973, mulher de Stuart Angel Jones, também morto pela ditadura e filho da estilista Zuzu Angel. Sob o comando de Campelo, eles preparavam os verbetes com base no "Pequeno dicionário da língua portuguesa" e no "Caldas Aulete", como planejado inicialmente. Cada um ficava encarregado de uma área específica.

O escritório funcionava com mesas e máquinas de escrever, como uma pequena redação de jornal. Elza Tavares era encarregada das gírias, das antigas e das que surgiam nos frenéticos anos 60 e 70. Campelo cuidava de substantivos e adjetivos, mas atuava em todas as frentes. Daniel Aarão Reis, retornado do exílio, trabalhava como *freelancer*, pesquisando termos históricos e políticos, sua especialidade. Em seguida, tudo era encaminhado a Aurélio, para que desse forma final a cada verbete e incluísse novos significados e abonações.

ASSISTENTE
Aurélio com Elza Tavares, responsável, entre outras tarefas, pelas gírias do "Novo dicionário"

Nesse meio tempo, Paulo César Farah foi preso por razões políticas – era o auge da ditadura militar – e enviado à Ilha Grande. Campelo o manteve na equipe durante o período em que ficou encarcerado, um ano e meio: "Eles mandavam lá para a prisão o trabalho que eu deveria fazer e depositavam o pagamento em minha conta. Logicamente, continuei com eles depois que saí da cadeia", conta Farah.

Foi também nesse período que Joaquim Campelo se apaixonou por Margarida dos Anjos. Como era casado, mantiveram o romance em segredo por algum tempo, mas logo ele se separaria e os dois foram viver juntos. Os colegas da equipe chegaram a temer que o ambiente de trabalho acabasse prejudicado. Consideravam Margarida uma mulher de temperamento difícil, sarcástica e com uma franqueza excessiva. A mulher de Aurélio, Marina, era uma das mais incomodadas. O relacionamento, porém, não durou mais do que dois anos, tampouco prejudicou a produção do dicionário, que seguia intensa.

* * *

O tempo passou e, como previam todos, Aurélio atrasou o trabalho, com seu perfeccionismo, seu ritmo e seus hábitos. Um ano inteiro correu e o Mestre se esmerava na etimologia, não abria mão das abonações, que buscava nos clássicos da literatura brasileira e portuguesa para justificar as definições. Reproduzia o trecho do livro em que se baseava e que citava a palavra. Como tinha imensa cultura literária e uma grande pesquisa já pronta, era um eterno voltar atrás para agregar detalhes, retardando a entrega.

Em 1972, estourado o prazo de dois anos e meio, o dinheiro dos paulistas acabou. A fonte estava seca, e não havia como ressarci-los. Bateu o desespero. Campelo resolveu buscar novos financiadores. Tentou a Editora José Olympio, que não quis conversa. Idem a Francisco Alves. Não confiavam na fidelidade do Mestre aos prazos e aos contratos. O ex-presidente Juscelino Kubitscheck foi procurado na financeira Denasa, sem resultado. O mesmo aconteceu com gente de prestígio como o jornalista e escritor Otto Lara Resende e o ex-deputado federal José Aparecido de Oliveira, que trabalhava no Banco Nacional, ou o próprio sócio do banco, José Luiz de Magalhães Lins. Todos descartaram a possibilidade de bancar ou achar saídas para o projeto.

Stella Moutinho, embora afastada, mantinha boas relações com o grupo, e convenceu o marido, diretor do Banco Itaú, a recebê-los para conversar. Não deu certo, porque o Itaú não aceitava liberar dinheiro sem as garantias de um empréstimo formal. Mesmo com as dificuldades interpostas por todos os bancos que procurou, Campelo ainda conseguiu um crédito com o Banco Econômico, por intermediação do colega de "Jornal do Brasil" Gilberto Menezes Côrtes, amigo de um diretor da instituição. No primeiro pagamento que recebeu com a publicação de um livro pela Alhambra, quitou o empréstimo. Mas o problema continuava.

Durante um ano e meio Joaquim Campelo procurou um mecenas ou uma nova editora. Esteve com 14 empresários e potenciais investidores. Um deles, o dono da Editora Artenova, o escritor e jornalista piauiense Álvaro Pacheco, amigo do amigo José Sarney, e que chegou a assumir uma cadeira no Senado nos anos 90, como suplente de Hugo Napoleão, do PFL. Pacheco foi gentil, mas tirou o corpo fora. Explicou que sua editora era pequena para o tamanho do projeto.

Campelo havia abandonado a Alhambra e a JCM, e mantinha apenas o emprego no "Jornal do Brasil". Pegava no trabalho às 17h, e às vezes se atrasava. "Você é um homem de coragem", era a frase que mais ouvia quando explicava o projeto aos possíveis investidores. Uma longa e inútil romaria. Quando acabou de vez o dinheiro dos amigos paulistas e o seu próprio, o que resultou na interrupção dos pagamentos à equipe, Campelo ainda teve que enfrentar a irritação de Aurélio, que disse não poder trabalhar de graça.

Àquela altura, Elza, Margarida e Marina começaram a desconfiar de Campelo. Achavam que ele poderia estar sabotando as negociações, porque talvez ambicionasse a honra de ser o dono, o editor, nominar o dicionário e, aos poucos, descartar Aurélio. Diante das suspeitas veladas, mas cada vez mais ostensivas, a solução foi convidá-las a participar das conversas, para que tomassem conhecimento das dificuldades que enfrentava.

A primeira reunião do grupo com um possível investidor foi com a Artes Gráficas Gomes de Souza (AGGS), de Gilberto Huber, que editava as Listas Telefônicas. Huber era um dos empresários que contribuíam com dinheiro para que o aparelho de segurança da ditadura combatesse os grupos da luta armada. Quando o industrial sueco Henning Albert Boilesen, presidente da Ultragaz e líder desse grupo de empresários, foi assassinado em 15 de abril de 1971 pela Aliança Libertadora Nacional de Carlos Marighella, Huber preferiu se refugiar na Argentina, e só retornou um ano depois.

O pai de Elza Tavares era amigo dele e, em uma conversa em setembro de 1972, na Associação Comercial, comentou sobre o trabalho da filha e as dificuldades para a publicação do dicionário. O velho Tavares, além de prestar ajuda financeira ao grupo, pediu a Elza que levasse Campelo a seu belo apartamento no Parque Guinle e, na conversa, lhes recomendou que procurassem Ferdinando Bastos de Souza, sócio de Huber, no escritório da gráfica na Quinta da Boa Vista, em São Cristóvão. Huber e Ferdinando já haviam publicado um dicionário chamado "Dicionário século XX", assinado por Carlos Lacerda e vendido a prazo, em quatro volumes. Lacerda, na verdade, apenas cedeu o nome e o prestígio. Nesta época, inclusive, ele tinha acabado de criar sua própria editora, a Nova Fronteira, fundada em 1965 e especializada em best-sellers estrangeiros.

Campelo, Marina e Margarida foram ao encontro de Ferdinando no escritório da gráfica, a bordo do bugre amarelo sem capota de Elza Tavares. Era um dia de sol, final da manhã, as mulheres elegantérrimas e preocupadas com os cabelos voando ao sabor do vento. Ferdinando os recebeu em uma grande mesa, acompanhado de três homens mal-encarados que Campelo já conhecia, graças ao trabalho na Alhambra e na JCM. O primeiro deles era o responsável pela gráfica, o segundo, pela composição e o terceiro, o encarregado da área administrativa. Campelo deixou que as três colegas tomassem a iniciativa da conversa, que começou tensa, da parte delas, e fria, da parte do empresário. Ferdinando, desconfiado, fazia muitas perguntas, enquanto rabiscava em uma grande folha de papel. Finalmente, propôs: Aurélio entra com os originais e fica com 2% das vendas; a AGGS entra com papel, tinta, mão de obra, cuida da distribuição e fica com 98%.

As três mulheres se mostraram espantadas, mas não Campelo, que já conhecia o esquema de negociação. Por isso, para deixar claro às companheiras como era tudo difícil, fez apenas uma pergunta:

– E os direitos autorais, como ficam?

Ferdinando repetiu que seriam de 2%. Campelo explicou que precisariam de um adiantamento para continuar o trabalho, era necessário remunerar a própria mão de obra e pagar as despesas do escritório. Ferdinando disse que iria examinar o pedido, mas tinha dúvidas em relação ao Mestre, a estrela do grupo:

– Aqui entre nós, vocês acham que Aurélio vai mesmo entregar no prazo? Ele está trabalhando mesmo nisso? A gente sabe que ele não entrega, que ele enrola.

O rude e direto Ferdinando não sabia que Marina Baird era a mulher de Aurélio, e a conversa acabou morrendo ali, em clima de tensão, com as três já incomodadas com o rumo da reunião e indignadas com a grosseria do interlocutor. No bugre de Elza, em direção a Botafogo, Marina externava toda a sua revolta:

– É muito desplante daquele sujeito! Ofendeu o Aurélio e ainda quer ficar com praticamente todo o lucro. Com ele, não tem negócio.

Campelo então explicou que era sempre assim, que não estava fácil conseguir uma editora disposta a bancar a publicação. E que, em meio a essas conversas desagradáveis, sempre ouvia que Au-

BUSCA DE RECURSOS
Marina Baird e Margarida dos Anjos na redação com Aurélio: as duas chegaram a participar das complicadas negociações para tentar financiar o dicionário

rélio não cumpria contratos, atrasava prazos e não era confiável. Nunca mais as três quiseram participar de qualquer negociação.

• • •

O próprio Aurélio resolveu então se mexer. Sugeriu que fossem juntos ao encontro de um amigo dos tempos de Alagoas, Emer de Mello Vasconcelos, primo de outro velho amigo, o deputado federal alagoano Arnon de Mello, pai do ex-presidente Fernando Collor de Mello. Na época, Fernando Collor era um jovem vereador pela Arena de Maceió e presidente de um dos principais clubes de futebol de Alagoas, o CSA. Emer havia embolsado uma fortuna com a especulação imobiliária no Rio de Janeiro durante o "milagre econômico". Construiu um edifício no terreno que era ocupado pelo Cinema São Luiz, no Largo do Machado, tinha fazenda de gado em Alagoas e morava em um palacete com piscina, lago com carpas, que fora a casa grande de uma granja no alto de um morro em Jacarepaguá. Para chegar lá, era preciso subir de carro por uma enorme ladeira aberta e asfaltada pelo próprio dono.

– Vamos ao Emer, ele está milionário, não sabe mais onde enfiar dinheiro – propôs Aurélio, agitando os braços.

Emer recebeu a dupla na antiga granja e desceram para almoçar em uma churrascaria de Jacarepaguá. Campelo deixou lá em cima seu DKW Vemag – um dos primeiros automóveis brasileiros, cuja fábrica foi extinta quando adquirida pela Volkswagen do Brasil – e rumaram ladeira abaixo até o centro comercial do bairro no Fusca de Emer, dirigido pelo próprio, mas usado sempre por empregados para compras e serviços gerais da granja. Sentaram-se os três para almoçar e o empresário ouviu tudo sobre o projeto. Cético, tomou uma cerveja, perguntou, deu opiniões, e não bateu o martelo. Pediu a conta do almoço, que foi rachada com Campelo - Aurélio, como sempre, não participou da divisão. Durante o retorno à granja, para que resgatassem o DKW que os levaria de volta a Botafogo, o Mestre resolveu aplicar um xeque-mate em Emer:

– E então, meu caro, podemos contar com você?

Exagerado para falar e expor suas ideias, Emer foi dramático:

– Aurélio, meu mestre, isso tudo é muito bonito, a ideia é fantástica, você é um gênio, eu sei, mas isso é um sonho! Um sonho! Isso não dá certo, não dá dinheiro. Eu só trabalho com coisas concretas.

À menção da palavra dinheiro, esfregou o indicador no polegar da mão direita erguida do volante, para demonstrar seu ponto de vista com mais ênfase. E deu uma gargalhada, para humilhação dos outros dois. Afinal, acrescentou, abrindo e fechando a mão, como se tentasse agarrar algo:

– Coisas concretas, entendem? Isso aí eu não consigo pegar, agarrar, é uma coisa romântica.

No banco de trás do Fusca, desolado, Campelo olhou para Aurélio. Sentado ao lado de Emer, o Mestre fingiu adormecer, apoiando a cabeça na coluna divisória das duas janelas laterais e no encosto do assento – parecia não querer mais ouvir aquilo, era muito humilhante.

Algum tempo depois, Campelo se encontrou casualmente com o poeta alagoano Lêdo Ivo e comentou o episódio com Emer de Mello. Lêdo lhe disse que Aurélio era "aquilo ali mesmo, esse dicionário não vai sair". Contou ainda que havia comprado uma unidade em um apart-hotel construído em Maceió por Emer. Sua ideia era alugar o imóvel por meio do empresário, para ajudar na renda mensal. Só que o dinheiro do aluguel nunca chegava e, quando telefonava para Emer, ouvia sempre: "Sinto muito, amigo Lêdo, aquilo lá nunca enche, o apartamento vive vazio, não consigo alugar". Em uma visita a Maceió para rever parentes e amigos, Lêdo Ivo resolveu visitar o apart-hotel e viu que tinha gente no apartamento. Perguntou ao porteiro, que lhe respondeu que o imóvel nunca esteve vazio. Emer alugava, mas não repas-

COMEMORAÇÃO
Emer de Mello Vasconcelos, à esquerda, em um almoço que ofereceu a Aurélio em 1986. Ao lado do Mestre, os imortais Lêdo Ivo e Francisco de Assis Barbosa

sava o dinheiro para Lêdo Ivo, o verdadeiro proprietário.

Mesmo com a falta de acordo para financiar o dicionário, Emer de Mello Vasconcelos e Aurélio continuaram grandes amigos.

* * *

Na redação do "Jornal do Brasil", os colegas do copidesque acompanhavam o drama de Joaquim Campelo em sua busca por dinheiro e editora. Quando chegava para trabalhar, às 17h, invariavelmente ouvia a pergunta:

– E aí, alguma novidade?

Um dia, o chefe do copidesque, o gaúcho José Silveira, que chegara do Rio Grande do Sul em meados dos anos 60 e era dono de uma rede de livrarias na cidade, a Entrelivros, saiu de seu aquário, a sala envidraçada onde trabalhavam os chefes nas redações, e foi à mesa de Campelo. Pôs as mãos na cintura e perguntou:

– E então, bagual, em que pé está esse tal dicionário?

Com seu típico senso de humor, à base de sarcasmo, Campelo, sentado como estava, cansado de ouvir sempre a mesma pergunta, pôs o pé esquerdo sobre a mesa e respondeu, mal-humorado:

– Está aqui neste pé.

– Porra, a gente se interessa, tenta ajudar, e você vem com grosseria. Vamos falar sério, seu Campelo...

Campelo percebeu que havia exagerado com o chefe e amigo e resolveu conversar com calma.

– Você quer mesmo ajudar? Vou mostrar como anda a situação.

Tirou de uma pasta de couro sobre a mesa três grandes folhas de papel quadriculado com cada etapa do projeto, explicou em que ponto estava o trabalho e o que precisava para continuar. Silveira deu uma olhada e lhe indicou um amigo, diretor do Banco Nacional de Desenvolvimento Econômico, o BNDE (que em 1982 viria a ganhar o "S", de Social):

– Vou telefonar para ele e pedir para te receber.

Silveira ainda acrescentou que, quando o dicionário ficasse pronto, iria encomendar de 500 a mil exemplares para vender em sua rede de livrarias.

– Mas o meu, eu quero com o seu autógrafo e o do Aurélio, porque você é um dos pais da criança – disse.

Alguns colegas do próprio "Jornal do Brasil" eram colaboradores do dicionário, como o jornalista esportivo Marcos de Castro, para verbetes do universo do turfe; Marçal Versiani, para religião; o astrônomo Rogério de Freitas Mourão, do Observatório Nacional, que assinava uma coluna no jornal sobre a sua especialidade. Mourão, com seus óculos de grau seis e a vasta cabeleira loura, era figura fácil na redação do "JB".

Campelo respirava dicionário. Em dezembro de 1973, o editor-chefe do "Jornal do Brasil", Alberto Dines, foi demitido de forma inesperada, um indicativo de que mudanças aconteceriam. Certa noite, em janeiro de 74, depois dos primeiros cortes, Campelo saiu do trabalho e deu carona ao vizinho e amigo George Cabral, alagoano e velho militante do Partido Comunista Brasileiro. Eles fizeram uma escala em um bar do Flamengo e as demissões, claro, foram o tema da conversa. Mas lamentações não faziam o estilo deles. Campelo pegou um papel e, com pitacos de Cabral, criou a figura do "passaralho", em forma de verbete. No dia seguinte, as mesas da redação do "JB" estavam panfletadas com cópias da obra:

Passaralho S.m. (Brasl). Designação popular e geral da ave caralhiforme, faloide, família dos enrabídeos (Fornicator caciquorum MFNB & WF). Bico penirrostro, de avultadas proporções, que lhe confere características específicas, próprio para o exercício de sua atividade principal e maior: exemplar. À sua ação antecedem momentos prenhes de expectativa, pois não se sabe onde se manifestará com a voracidade que, embora intermitente, lhe é peculiar: implacável. Apesar de eminentemente cacicófago, donde o nome científico, na espécie essa exemplação não vem ocorrendo apenas ao nível do cacicado. Zoólogos e passaralhófilos amadores têm recomendado cautela e desconfiança em todos os níveis; a ação passaralhal é de amplo espectro. Há exemplares extremamente onívoros e de ação onímoda.

Trata-se este do mais antigo e puro espécime dos Fornicatores. No Brasil também é conhecido por muitos sinônimos, vários deles chulos. Até hoje discutem os filólogos e etimologistas a origem do vocabulário. Uma corrente defende derivar de pássaro+caralho, por aglutinação, outra diz vir de pássaro+alho. Os primeiros baseiam-se da forma insólita da ave; os outros pelo ardume sentido pelos que experimentaram e/ou receberam a ação dele em sua plenitude. A verdade é que quantos o tenham sentido, cegam, perdem o siso e ficam incapazes de descrever o fenômeno. As reproduções que existem são baseadas em retratos falados e, por isso, destituídas de validade científica.

O verbete se tornou sinônimo de demissões em empresas, não só as jornalísticas, mas também aquelas de outros ramos de atividade. Não foi incluído no "Aurélio", mas a primeira edição do

"Dicionário Houaiss" explica o significado da expressão, ao identificar-lhe a origem: "s.m.RJ *infrm joc*. Dispensa relativamente numerosa de empregados *ETIM *pássaro* + *caralho*; cof.suf. *alho* e *alha*". Na criação original de Campelo e Cabral, as siglas que sucedem a expressão *fornicato caciquorum*, "MFNB & WF", são os dois executores do "passaralho": Manoel Francisco do Nascimento Brito, dono do "Jornal do Brasil", e Walter Fontoura, que substituiu Alberto Dines no comando da redação.

* * *

A conversa com o burocrata do BNDE, amigo de Silveira, fluiu bem, mas ele explicou que precisava de garantias para liberar a verba pedida por Joaquim Campelo, o que era impossível de conseguir. O encontro não deu em nada. Restou sair novamente em campo em busca de uma editora. Ele tentou a Forense, sem sucesso. Sua proprietária, Regina Bilac Pinto, conta que foi procurada por Campelo no início dos anos 70: "Ele veio com os originais do que já tinha sido feito, corria atrás de um editor. O Aurélio era um intelectual que não sabia negociar nada. O Campelo conversou conosco, mas nós não tínhamos estrutura para editar um dicionário como aquele. Então, o encaminhamos para o Carlos Lacerda, que estava com a Nova Fronteira". A editora de Lacerda, de fato, seria decisiva para a publicação do dicionário, mas só entraria na história mais tarde, por outros caminhos.

O escritor e redator esportivo Marcos de Castro, que cuidou da parte de turfe para o "Aurélio", tinha a impressão de que o Mestre era um homem que vivia fora de sua época, uma espécie de

Littré, o brilhante lexicógrafo francês citado por Aurélio no prefácio da primeira edição do dicionário. Em depoimento a Gilberto Menezes Côrtes, Castro descreveu Aurélio Buarque de Holanda como um homem desorganizado e notívago, que dormia até quase meio-dia: "Durante o dia, era o Campelo quem coordenava a equipe, distribuía tarefas e tocava o trabalho".

Uma nova ajuda para tentar um editor partiu de outro colega de "Jornal do Brasil". O redator Edson Braga chamou Campelo para um café na então moderna máquina de expresso da redação. Edson o levaria à casa do tio Rubem Braga, que acabara de vender a rede de livrarias e editora Sabiá, em que era sócio de Fernando Sabino. "Ele está cheio da grana", disse Edson. O comprador havia sido Paulo Roberto Rocco, empenhado em ampliar a participação de sua editora no mercado. Campelo relutou, disse que iria pensar. Não tinha uma boa impressão pessoal de Rubem Braga, a quem considerava antipático, casmurro, arrogante – um chato, enfim. Mas Edson insistiu, quase ofendido com a hesitação do colega, que acabou aceitando, embora sem qualquer esperança.

Às 11h de uma manhã quente e ensolarada os dois foram à cobertura na Praça General Osório, em Ipanema, onde morava o grande cronista. Como Campelo esperava, Rubem os recebeu sem o menor entusiasmo, em uma conversa monótona. Já escolado em negociações desse tipo, Campelo foi objetivo, porque sabia que tudo se baseava em quatro pontos: royalties para Aurélio e equipe; preço de capa; adiantamento para continuar o trabalho; e prazo de lançamento. Entediado e com cara de sono, Rubem Braga indagou:

– Ué, dicionário tem direitos autorais? Para mim é novidade, não sabia disso.

A primeira pergunta do cronista já irritou Campelo e o deixou com vontade de ir embora, mas ele conseguiu manter as aparências. Explicou tratar-se de um livro como outro qualquer, uma obra de autor. No íntimo, sabia que era uma conversa que não daria em nada. Uma perda de tempo. Mas de repente Rubem Braga pareceu acordar da letargia e fez uma sugestão concreta: conhecia um filho do Carlos Lacerda que estava dirigindo uma empresa moderna, que trabalhava com uma novidade chamada computação de dados, a Datamec, na Rua da Estrela, no Rio Comprido. Rubem disse que Sérgio Lacerda era um jovem muito inteligente, arrojado e que poderia ajudar – e talvez até investir no projeto.

Disposto a capturar no ar qualquer ideia que passasse, Campelo desceu até a Praça General Osório, despediu-se de Edson e procurou um telefone público, o popular orelhão. Ligou para Elza Tavares e lhe pediu que o encontrasse ainda antes do almoço no escritório na Praia de Botafogo. Elza tinha um cunhado, Fernando Formosinho, que trabalhava com Sérgio Lacerda. Contatos feitos, foram os três almoçar naquele mesmo dia no restaurante Timpanas, na Rua São José, quase esquina com a Avenida Rio Branco, no Centro do Rio. Campelo explicou qual era o plano, e Formosinho ficou de agendar uma conversa com o filho de Lacerda na Datamec.

No dia marcado, Sérgio Lacerda os recebeu na companhia de dois executivos. O bombardeio foi imediato: quanto vai custar, qual é a ideia do dicionário, em que será diferente dos outros, prazos, data de lançamento etc. Um dos executivos, o mais pragmático, foi direto ao ponto:

– Parece um tiro no escuro. Qual é a garantia de que isso vai dar certo, de que vai vender, de que será rentável? Já há tantos dicionários na praça...

Campelo considera até hoje que foi brilhante na resposta e que conseguiu ali mudar o rumo da conversa:

– Qual a garantia que Cristóvão Colombo tinha a oferecer quando saiu da Espanha em busca de uma nova terra do outro lado do Atlântico? Ou os navegadores portugueses? – e insistiu nessa tecla, da necessidade do risco.

Sérgio Lacerda se deu por vencido e aceitou aprofundar a conversa sobre o projeto. Marcou um novo encontro, desta vez na Editora Nova Fronteira, do pai, Carlos Lacerda. Era uma editora de apenas nove anos, em ascensão, e que logo incluiria o tradicional selo Nova Aguilar, que o ex-governador compraria. Campelo, com veleidades de esquerda, não conhecia Carlos Lacerda pessoalmente, mas não gostava e tinha até medo dele, por sua fama de sedutor e direitista, de devastador e agressivo em sua argumentação. E também de experiente orador pela atuação política na antiga UDN e no golpe de 1964.

– O Carlos Lacerda vai estar lá?

– Claro que sim, ora, afinal, ele é o dono da editora – respondeu Sérgio, rindo.

Mas quem recebeu Joaquim Campelo e Fernando Formosinho foi o jovem advogado Roberto Hillcoat Riet Correia, diretor-superintendente da Editora Nova Fronteira. Carlos Lacerda não estava. Riet era gaúcho e chegara ao Rio pelas mãos do amigo Luís Fernando Cirne Lima, ministro da Agricultura do presidente-general Emílio Garrastazu Médici. Cirne Lima, também gaúcho, fora nomeado ministro em 1969, quando tinha apenas 36 anos. Riet não gostou da experiência de funcionário público, pediu demissão e foi trabalhar no escritório de advocacia de José Tomás Nabuco de Araújo – um antigo colega de faculdade de Campelo na Escola Brasileira de Administração Pública. Lá, Riet ficou encarregado de cuidar dos interesses legais de Carlos Lacerda, então cassado pelo AI-5 por ter formado a Frente Ampla com políticos de oposição à ditadura. Lacerda gostou do jovem advogado, do desembaraço com que se livrava dos casos mais complicados, e o convidou para assumir a superintendência da Nova Fronteira. Riet teria como tarefa organizar a parte administrativa e contábil da empresa.

Por coincidência, Campelo e Riet tinham mais dois amigos em comum. Um deles, Cláudio Fornari, filho do representante no Brasil da FAO (órgão das Nações Unidas para o combate à fome), Ernani Fornari, e casado com uma filha da atriz Henriette Morineau. O outro, o jornalista Janio de Freitas, que se autodefinia como um bibliômano – maníaco por livros, não só pelo conteúdo, mas pela sua produção, pela arte que identificava na tarefa, pelo produto final a ser manuseado. Janio, um dos principais responsáveis pela reforma do "JB" que o transformou no melhor diário já feito no Brasil, chegara a ser sócio da Editora Seleta e também da Gráfica e Editora Fon-Fon, que publicara a revista "Fon-Fon", popularíssima nos anos 50.

Roberto Riet, descrito por Campelo como um advogado sem grande cultura, mas com incrível entusiasmo e força de vontade, resolveu comprar a briga e publicar o dicionário. Carlos Lacerda e Aurélio Buarque de Holanda já eram amigos há algum tempo. Cláudio Fornari não gostava pessoalmente de Aurélio, que conhecia há vários anos. Mas queria ajudar Campelo, em quem apostava: "Faça o dicionário, o mercado está favorável, vai dar certo", estimulava. Fornari era membro do conselho editorial da Nova Fronteira, junto com Carlos Lacerda, Riet, Paulo Rónai, Josué Montello e o próprio Aurélio.

Fornari acompanhou de perto a saga do "Novo dicionário da língua portuguesa", e explicou o papel que cada um teve na elaboração da obra: "O Aurélio foi o pai do dicionário, por sua reconhecida contribuição como grande filólogo. Mas era um homem abúlico em relação ao trabalho. Começou vários dicionários que nunca terminou, um deles com Abrahão Koogan, da Editora Delta. Era um homem argentário e desorganizado para o trabalho. O Campelo seria a mãe do dicionário. Foi ele quem o gestou, era a cabeça que tocava o projeto".

Reuniram-se então Roberto Riet, Joaquim Campelo, Sérgio Lacerda e burocratas da Nova Fronteira, que repetiam a mesma ladainha: não havia garantias para o grande investimento que a empresa faria. "Vamos perder dinheiro", dizia um dos técnicos. "Vamos fazer", insistia Riet, empolgado.

As conversas prosseguiram e, um dia, o próprio Carlos Lacerda, em pessoa, fez uma visita de surpresa ao escritório onde Campelo trabalhava com a equipe, na Praia de Botafogo. Chegou sem o habitual terno escuro, vestido com uma calça preta e uma camisa clara de manga curta, acompanhado de Roberto Riet e do jornalista Carlos Leonam. Aurélio não estava presente. Lacerda ouviu muito e falou pouco, fez apenas uma ou outra pergunta. Campelo lembrou-se logo de que era um mau sinal, porque Leonam não gostava de Aurélio desde que o Mestre, segundo algumas versões, tomara o lugar do pai dele, Leonam Penna, na elaboração do "Pequeno dicionário", nos anos 50. Rapidamente lhe veio à cabeça

EDITORES
Abrahão Koogan, à esquerda, e Carlos Lacerda: os dois apostaram no projeto do dicionário, em épocas diferentes

um encontro com Carlos Leonam, por volta de 1972, na entrada do "Jornal do Brasil", onde trabalhavam. Campelo lhe pediu ajuda para encontrar um financiador para o dicionário. Confiava no fato de que Leonam era excepcionalmente bem relacionado com empresários no Rio. Ao ouvir o nome de Aurélio, no entanto, ele mudou de assunto e encerrou a conversa.

Depois da visita, já no carro a caminho da editora, ciente das dúvidas em relação ao senso de responsabilidade do amigo Aurélio Buarque de Holanda, Lacerda recomendou a Roberto Riet que desistisse do dicionário:

– Não faça isso, desista, você vai quebrar a editora.

Mas o jovem estava confiante:

– Vai dar tudo certo, doutor Carlos, confie em mim, eu garanto.

Lacerda realmente confiava no colaborador. O grupo Nova Fronteira era uma *holding* que incluía duas editoras, uma mineradora, uma financeira e um banco de investimentos, além da Datamec. A Editora Nova Fronteira dava especial atenção a best-sellers importados, e havia ganhado muito dinheiro com a tradução e publicação de "O exorcista", do norte-americano William Peter Blatty. Transformado em filme de enorme sucesso em 1973, o livro teve grande procura no Brasil e fez a editora mudar de patamar. Parte do dinheiro poderia ser aplicado na publicação do dicionário, imaginava Roberto Riet.

A Nova Fronteira também ousava na divulgação de lançamentos, como no da série policial "Arsène Lupin". Durante uma madrugada de domingo, a editora enterrou dezenas de exemplares nas areias de Ipanema e contratou um teco-teco para voar diante da praia com uma grande faixa, desafiando os banhistas a encontrar os livros escondidos. "Procure Arsène Lupin. Ele pode estar perto de você", dizia a faixa. Os críticos literários dos principais veículos ainda receberam uma cartola e uma bengala, símbolos de Lupin, o Ladrão de Casaca, personagem criado na França em 1907 por Maurice Leblanc. Apesar do esforço de marketing e da criatividade da editora, a série, com dois mil exemplares para cada aventura do elegante bandido francês, nunca foi um sucesso de vendas.

* * *

O empurrão decisivo em Carlos Lacerda veio do jornalista, escritor e colecionador João Condé, também amigo de Aurélio. Condé, pernambucano de Caruaru, era o autor de "Arquivos implacáveis", uma coleção de manuscritos, originais, cartas, fotos, desenhos e outras preciosidades que ganhava ou furtava dos amigos escritores e artistas em geral. Os "Arquivos implacáveis" foram publicados por mais de 20 anos no jornal "A Manhã" e na revista

"O Cruzeiro". Ele possuía, por exemplo, os originais de livros de José Lins do Rego, poemas de Carlos Drummond de Andrade e confidências e informações íntimas, como a de que Erico Verissimo tinha 1,71m de altura, calçava 38 e usava colarinho 38. Sobre Condé, escreveu Drummond, ao batizar os arquivos: "Se um dia eu rasgasse meus versos, por desencanto ou nojo da poesia, não estaria certo de sua extinção. Restariam os arquivos implacáveis de João Condé". Foi Condé que convenceu Carlos Lacerda de que a Editora Nova Fronteira daria um passo histórico com a publicação do dicionário "Aurélio".

Empolgado, Roberto Riet marcou um almoço com Janio de Freitas, em quem confiava plenamente, para se aconselhar sobre o projeto. Foi uma reunião longa. Fumaram bastante e beberam quase uma garrafa inteira de *poire*, a aguardente de pera francesa. Enquanto Riet perguntava, Janio fazia contas sobre as chances do dicionário no mercado e os custos de produção: papel, tinta, fotolito, capa dura... Concluíram, otimistas, que era viável.

Riet apresentou ao patrão os números e projeções de que dispunha, e Lacerda já estava mais do que convencido. Permitiu que Riet assinasse, em nome da Nova Fronteira, um contrato com Aurélio Buarque de Holanda. Joaquim Campelo, Elza Tavares, Margarida dos Anjos e Marina Baird assinaram como intervenientes.

O contrato foi firmado no dia 17 de abril de 1974. Pelo acordo, Aurélio se comprometia a entregar o dicionário em seis meses – era um prazo razoável para Campelo e as moças, porque estava quase tudo pronto. O único a receber um adiantamento seria Aurélio; os outros ganhariam um percentual das vendas. A divisão ficaria assim: os royalties para os autores seriam de 10% das vendas, inicialmente, e 12%, a partir de novas tiragens. Aurélio teria 7% e os outros dividiriam os 3% restantes. Quando passassem a 12%, Aurélio teria mais 1,25%, e os outros, mais 0,75%.

Campelo levou a Roberto Riet um cronograma de entrega dos originais: as letras A, B, C e D estariam prontas até 31 de maio de 1974. As letras E, F, G, H, I, J, K e L, até 5 de julho. As letras M, N, O, P e Q, até 10 de agosto. Já R, S, T, U, V, W, X, Y e Z, até 20 de setembro. Para garantir o cumprimento do cronograma, foi redigido um documento, no qual assinaram Aurélio Buarque de Holanda Ferreira, Joaquim Campelo Marques e Margarida dos Anjos, pela J.E.M.M., e Letícia Lacerda, mulher de Carlos Lacerda, pela Editora Nova Fronteira. Como testemunhas, assinaram Paulo Rónai e o próprio Lacerda. O papel foi registrado no Cartório de Títulos e Documentos do 3° Ofício, sob o número 28.112, no Livro K, página 32.

Com tudo assinado, o trabalho febril continuou na Praia de Botafogo, à base de pelo menos oito horas por dia. Eram dez mesas com cadeiras e máquinas de escrever, muitas pastas, uma estante com livros, toda a aparência de um escritório comum, ou uma pequena redação, com sua bagunça natural. Campelo, Marina, Elza e Margarida haviam cortado em fatias verticais as colunas das páginas do velho "Pequeno dicionário da língua portuguesa" e colado os pedaços em folhas de papel ofício. Ali, sempre escrevendo à mão, aprimoravam os antigos verbetes, acrescentavam novos significados, aperfeiçoavam a linguagem, numeravam as definições de cada palavra. E mantinham o hábito de anotar em pedaços de papel, na rua, novas palavras que ouviam ou liam, e que entravam no vocabulário popular.

Todos cuidavam de qualquer tipo de palavra, embora, algumas vezes, por períodos curtos de tempo, um ou outro se dedicasse a uma área específica. O trabalho datilografado por Giovani Mafra e Silva e Elisabeth Dodsworth era enviado a Aurélio, que aprimorava tudo, acrescentava abonações e aplicava seus vastos conhecimentos de etimologia. Usava as citações literárias que garimpava e que confirmavam as definições, e muitas vezes, incluía significados que descobria em suas próprias pesquisas. Aurélio também buscava, ele próprio, novas e velhas palavras, além de receber contribuições de amigos especialistas em áreas artísticas, técnicas e científicas.

Segundo Janio de Freitas, na época da edição do dicionário, o mercado do Rio estava habituado a publicações que iam, no máximo, a três mil exemplares de tiragem. O "Aurélio" teria um número inicial muito maior, era de produção mais complexa e custaria bem mais caro. Tratava-se do mais ambicioso projeto de uma editora brasileira até aquele momento. Como era sócio de uma gráfica e conhecia tudo sobre o processo, Janio indicou a Campelo e a Riet a Gráfica Primor, coincidentemente de Abrahão Koogan, e que tinha Miguel Lerner como administrador. Koogan comprara recentemente uma nova impressora, com todas as condições técnicas para a tarefa.

O próprio Janio de Freitas sugeriu o formato do dicionário, com as páginas diagramadas em três colunas, mas discordou da escolha do papel-bíblia das primeiras edições: "Dicionário é um livro de manuseio constante, e esse tipo de papel não resiste, acaba ficando dobrado e desgastado". Um papel mais grosso, porém, deixaria o dicionário com mais de oito centímetros de largura, seria quase impossível manusear. E como não existia disponível na época um papel mais fino, a opção pelo papel-bíblia foi uma escolha óbvia. Até porque Lacerda estava adquirindo a Editora Nova Aguilar, que publicava seus livros em capa dura e papel-bíblia, do qual possuía um grande estoque.

Amigo de Joaquim Campelo desde os tempos de copidesque do "Jornal do Brasil", Janio de Freitas acompanhou do primeiro ao último momento todas as etapas da longa empreitada do "Aurélio" na Nova Fronteira. Por compartilhar com Campelo o interesse pelo assunto, chegou a produzir livros para a Editora Alhambra pela Gráfica Fon-Fon. Segundo Janio, "Campelo é o responsável efetivo, factual, pela existência do 'Dicionário Aurélio'". Ele completa: "Aurélio Buarque de Holanda não tinha espírito de organização, de liderança, para montar o dispositivo todo, para orientar a pesquisa e fazer a distribuição de tarefas, a compilação de material e a edição. O que Aurélio tinha, há séculos, era um fichário de averbações que usou largamente para o sentido das palavras, até com um pouco de exagero".

Os seis meses firmados em contrato se passaram. Em setembro de 1974, como temiam Campelo, as moças e o próprio Carlos Lacerda, nada foi entregue. Roberto Riet preparou uma carta típica de advogado, em que cobrava o cumprimento do acordo e não abria mão do prazo nem do dicionário. "Estão nos devendo um produto", resumiu. Para completar, cortou o dinheiro que repassava à equipe. Aurélio ficou revoltado com a pressão imposta pela editora.

Aos poucos, Campelo conseguiu encaminhar à Gráfica Primor os primeiros verbetes, da letra A, para que fizessem um teste. Miguel Lerner, que administrava a gráfica, avisou a Abrahão Koogan, não sem antes lembrar ao patrão o contrato firmado em

1966, em que Aurélio não poderia publicar o dicionário em outra editora sem reembolsá-lo pela enorme despesa que teve ao longo de quase quatro anos. Koogan, porém, repetiu a frase: "Foi apenas um mau negócio, uma pequena fortuna perdida, é assim a vida. Deixa seguir". Poderia ter aberto uma disputa judicial com a Nova Fronteira, mas não o fez. O amigo e funcionário Paulo Geiger garante que Koogan, como intelectual, queria ver o dicionário publicado, mesmo que não fosse por ele – e ainda que tivesse que arcar com o prejuízo.

• • •

Antes de ir para a pequena redação onde era produzido o dicionário, Joaquim Campelo costumava, todas as manhãs, dar uma passada na sede da Editora Nova Fronteira, na Rua Capitão Salomão, em Botafogo. Certo dia, chegou lá bem cedo e, ainda na calçada, encontrou Roberto Riet agitadíssimo e com várias pastas debaixo de um dos braços:

– Tchê, quero te contar que o Aurélio ligou ontem cedo para o doutor Carlos e marcaram às cinco da tarde na Corretora Novo Rio *(uma das empresas da holding Nova Fronteira, na Rua do Carmo, no Centro)*. O doutor Carlos não pôde ir e o Aurélio esperou lá por mais de uma hora. Ele quer dinheiro, vai te dar uma rasteira.

Riet acrescentou que Lacerda ligou mais tarde para Aurélio e remarcou o encontro para aquele dia, às 10h, em sua empresa de comércio de minérios, a Tricontinental, que funcionava em um casarão na Urca. Riet disse que estava indo para lá e prometeu a Campelo que lhe contaria tudo antes do almoço, depois de conversar com Lacerda. Campelo pegou a sua Variant verde, tomou a Rua Voluntários da Pátria e rumou para a redação, na Praia de Botafogo, a dez minutos dali. Fechou os vidros do carro para berrar e xingar alto pelo caminho. Entrou furioso no escritório e encontrou apenas Marina Baird, a mulher de Aurélio.

– Bom dia, Dona Marina – cumprimentou com os olhos faiscando para a colega de trabalho, que respondeu com um indiferente "bom dia, tudo bem?", sem olhar para ele.

Contrariando seu temperamento contido e sarcástico, Campelo deu um tapa violento na mesa e berrou:

– Pois não está nada bem! Vocês pensam que sou o quê? Trabalho feito um louco pra pôr esse dicionário na rua, ninguém acredita que isso vai sair, e agora o Aurélio está lá pedindo dinheiro ao Lacerda pelas minhas costas? Isso é traição! Vocês são uns traidores!

– Você está enganado, não há traição nenhuma, o Aurélio é amigo do Carlos há muito tempo, sempre conversaram, e isso é negócio. Não vejo nenhum problema.

Conforme o prometido, Roberto Riet foi até a redação antes do meio-dia para contar a Campelo os acontecimentos da manhã. Irritada depois do bate-boca, Marina Baird já tinha ido embora. Riet disse que havia chegado ainda no meio da reunião e ouvido Aurélio dizer a Lacerda que enfrentava problemas financeiros, que Campelo não lhe pagava mais e que estava difícil continuar o trabalho. Lacerda virou-se para Riet e ordenou que pagasse a Aurélio, como adiantamento, o equivalente a cerca de R$ 30 mil em valores de hoje. Riet argumentou que teria antes que falar com Campelo, que ouviu indignado aquele relato:

– Podem dar o adiantamento a ele, mas não terão o dicionário. Toco fogo nesta papelada toda, faço uma grande fogueira aqui em Botafogo. O Aurélio está travando o andamento do trabalho e fica inventando coisas.

No entanto, Riet explicou que não atendeu ao patrão e não repassou o dinheiro a Aurélio, o que deixou o Mestre e a mulher furiosos. A partir daquele dia, o clima nunca mais seria o mesmo entre os cada vez mais adversários Campelo e o casal Aurélio e Marina. A animosidade se tornaria permanente na relação entre eles.

* * *

Em outubro de 1974, um mês depois de estourado o prazo estipulado em contrato para a conclusão do dicionário, as primeiras páginas começaram a chegar à Gráfica Primor. Era um tipo de trabalho a que ninguém ali estava habituado, e foi necessário contratar pessoal extra. Em sete dias, a novíssima impressora Photon quebrou e Miguel Lerner ficou desesperado. Gastou uma fortuna em ligações para o fabricante, nos Estados Unidos. Foi uma operação complicada. As conversas eram em inglês, difíceis, porque envolviam questões técnicas complexas. Campelo passou a levar para o "Jornal do Brasil" folhas e mais folhas enormes, as provas de impressão, a fim de adiantar o serviço nos poucos intervalos de que dispunha, enquanto os colegas de redação riam e faziam piadas.

Na Primor, perdeu-se muito papel e, com o defeito na impressora, foi necessário reduzir a tiragem, que seria inicialmente de 50 mil exemplares. Os cálculos precisavam ser refeitos a toda hora, porque mesmo sendo a gráfica mais qualificada no Rio para o trabalho, talvez a única, um dicionário daquele porte era um desafio enorme. Ao serem impressas as primeiras páginas da letra A, percebeu-se que não daria certo: naquele ritmo, o papel acabaria antes da letra P. Cada exemplar era montado com base em vários cadernos de 16 folhas (ou 32 páginas) amarradas, e iniciou-se uma redução: de 50 mil cadernos já impressos com a letra A, baixou-se para 30 mil exemplares para as letras seguintes, ou seria impossível concluir o trabalho. Conforme caminhava a impressão, os números eram revistos e, mais adiante, a saída foi reduzir novamente, agora para 20 mil. Até que se chegou à tiragem efetivamente distribuída às livrarias em março de 1975: 18 mil exemplares de 1.536 páginas, com um total de 120 mil verbetes.

Muitas páginas com as letras A e B foram desperdiçadas, porque superestimou-se a tiragem. Faltou papel durante o processo gráfico, e foi preciso importar mais da Noruega, o que encareceu ainda mais o dicionário. Mas os problemas não terminaram com o lançamento: a primeira impressão saiu com cerca de mil erros, inclusive na grafia de palavras – só nas reimpressões seguintes foi possível corrigir. As atualizações eram feitas anualmente, com as modificações necessárias e o acréscimo de novos verbetes.

Em dois meses, ficou claro que a primeira impressão iria se esgotar logo, e foi preciso acelerar a republicação. Em pouco tempo, o "Novo dicionário da língua portuguesa" venderia mais do que qualquer best-seller importado. A distribuidora Record havia feito o maior pedido, mais de dez mil exemplares, e logo precisaria encomendar mais. A Livraria Cultura pedira cinco mil, que também evaporaram. Em 11 anos, o "Aurélio" venderia o triplo de toda a obra reunida de Jorge Amado, o mais concorrido autor brasileiro.

Em 20 de novembro de 1976, o "Jornal do Brasil" publicou na editoria de Economia que a Nova Fronteira anunciava em 1975 um faturamento 71% superior ao do ano anterior. O "Aurélio" era responsável por 70% desse total. A reportagem informava que as vendas chegaram a 183 mil exemplares até então, com cinco reimpressões. Antes do lançamento do dicionário, os carros-chefes da editora, além de "O exorcista", eram os livros policiais de Agatha Christie; "Negras raízes (Roots)", do norte-americano Arthur Hailey (e que dera origem a uma série televisiva de grande sucesso nos Estados Unidos e no Brasil); e os romances populares de J.M. Simmel, autor de "Nem só de caviar vive o homem". Nada, porém, se comparava ao "Aurélio".

A Academia Brasileira de Letras, da qual Aurélio Buarque de Holanda era membro desde 1961, dedicou, no dia seguinte ao lançamento, uma sessão especial em homenagem ao dicionário – e ao Mestre. A mesa foi presidida por Austregésilo de Athayde, acompanhado por Odylo Costa, filho, Hermes Lima, Genolino Amado e Pedro Calmon. Todos capricharam nos discursos e Aurélio, rouco e emocionado, elogiou os "sete companheiros de jornada", os assistentes que haviam colaborado no trabalho. Nominalmente, citou apenas a mulher, Marina.

– Estou deveras emocionado e reconciliado com a vida, mesmo em seus momentos mais amargos – disse, sob aplausos dos colegas.

O clima na Academia era informal, e o "Jornal do Brasil" publicou que os imortais lembraram aspectos da personalidade do autor e elogiaram o "empreendimento espantoso para uma equipe tão modesta de lexicógrafos". Afrânio Coutinho qualificou a obra como "de categoria internacional". Raimundo de Magalhães Jú-

HOMENAGEM DOS IMORTAIS
A ABL fez uma sessão especial no dia seguinte ao lançamento do dicionário: em seu discurso, Aurélio agradeceu à equipe, mas só citou nominalmente a mulher

nior disse que Aurélio tratava as palavras com autêntica luxúria, e Josué Montello lembrou como era difícil fazer com que o dicionarista Aurélio deixasse um vocábulo para se dedicar a outro, "tal o seu apego às palavras". Na redação do "JB", cada editoria recebeu um exemplar para uso de repórteres e redatores, e Campelo foi cumprimentado pelos colegas.

O "Aurélio" logo se transformou em um sucesso absoluto de vendas e referência obrigatória para estudantes, professores, jornalistas, escritores, juristas, profissionais de praticamente todas as áreas. O autêntico "Pai dos burros". Só mesmo o Google e a Wikipedia poderiam, com a popularização da internet algumas décadas depois, servir de comparativo para a importância que o dicionário passou a ter na vida das pessoas. Citar o "Aurélio" era uma questão de credibilidade em qualquer debate, artigo jornalístico ou texto acadêmico. Era a palavra final em lexicografia.

* * *

Em 1977, Sérgio Lacerda percebeu que o dicionário era de difícil manejo para estudantes e teve a ideia de lançar uma versão reduzida. Seriam minidicionários, para venda preferencial ao governo, que os distribuiria às escolas públicas, via governos estaduais e prefeituras. Os livros didáticos sempre renderam muitas vezes mais que os de literatura, com o governo como o grande cliente. A mina de ouro. Os alunos de primeiro e segundo graus carregariam em suas mochilas e pastas um volume menor, mais leve e de fácil uso nas salas de aula. E de fato o "Minidicionário Aurélio" foi um sucesso tão estrondoso que ofuscou a versão completa. A Nova Fronteira previa que as vendas atingiriam um milhão de exemplares por ano.

Lacerda resolveu então assinar um contrato de distribuição com a Gráfica e Editora Ática, em 1981, para que o minidicionário chegasse em todos os cantos do país. A Ática havia sido fundada em 1965 em São Paulo pelos irmãos Anderson e Vasco Fernandes Dias e por Antônio Narvaes Filho. O embrião foi o Curso de Madureza Santa Inês, que produzia milhares de apostilas em mimeógrafo para treinamento de professores e com material didático para alunos. A transformação em Sociedade Editora Ática se deu como consequência do crescimento e da qualidade do conteúdo. Os proprietários eram amigos de Sérgio Lacerda, e o acordo para distribuição veio naturalmente.

Carlos Augusto Lacerda, neto de Carlos Lacerda e filho de Sérgio Lacerda, que assumia naquele momento um cargo de direção na Nova Fronteira, diz que já havia uma relação cordial entre as duas editoras, mas que a parceria para a distribuição foi estritamente profissional, baseada no potencial comercial que enxergavam. "Pulamos para um patamar de 800 mil exemplares vendidos, o que mostra o acerto da decisão", diz.

Aurélio, apoiado pela mulher, Marina Baird, exigiu então que a J.E.M.M. – da própria Marina e de Joaquim Campelo, Elza Tavares e Margarida dos Anjos – ficasse fora dos direitos autorais sobre o "Míni Aurélio". Alegou que era um produto diferente do "Novo dicionário" e que, portanto, não precisava pagar royalties aos outros colaboradores. Campelo, Elza e Margarida, no entanto, sequer foram informados sobre esta decisão.

Foi a segunda grande crise entre Aurélio (e a mulher Marina) e Joaquim Campelo; a quebra quase definitiva da confiança. Joaquim, Elza e Margarida recorreram à Justiça. Pelos cálculos de Campelo, foram-lhes sonegados royalties de 360 mil exemplares: "Houve um escamoteamento de exemplares nos mapas de venda do editor, ou vendedor, ou comercializador", garantia Campelo em 1982. Nesta época, o escritório em que as atualizações eram feitas já havia sido desmontado. Campelo recorreu ao advogado da própria editora de Lacerda, Paulo Mercadante, que, no entanto, prometeu interceder apenas informalmente na busca por um acordo, sem maiores esclarecimentos.

Campelo, Margarida e Elza acreditavam que a Editora Nova Fronteira estaria também sendo lesada. Só então descobriram que havia um contrato entre as duas editoras, no qual eles três não estavam incluídos. Ao longo do processo, para surpresa de Campelo e das colegas, Aurélio Buarque de Holanda se solidarizou com quem, em tese, era acusado de prejudicá-lo, a Nova Fronteira. Em seu depoimento à Justiça, o Mestre disse que Campelo era partícipe do dicionário, como assistente, apenas por "mera liberalidade" dele, Aurélio, e que, portanto, não poderia pleitear qualquer direito sobre a obra. Principalmente, o "Mini Aurélio", um produto novo.

A pendenga resultou no rompimento definitivo de uma amizade e uma parceria de quase 30 anos. Joaquim Campelo enviou ao velho Mestre uma violentíssima carta de sete laudas datilografadas em que o acusava de traição, chamava-o de "mau-caráter" e "indigno", referindo-se a si próprio na terceira pessoa, como "Campelo":

Nós sempre o respeitamos, mas o senhor não nos respeitou. E, por isso, perdeu o respeito. E, além do respeito, a dignidade, ao depor como depôs num caso em que seus amigos e assistentes fomos agredidos e quando não lhe custava dizer a verdade. Só a verdade. Faltou-lhe coragem para declarar ter lesado o Campelo por cerca de dois anos e mais de um milhão de exemplares do minidicionário e reconhecer que dera um mau passo, do qual porém se redimira com dignidade ao assinar um novo contrato em que reconhecia os direitos dele, assim como dos demais assistentes.

Campelo se refere a "um milhão de exemplares" porque, quando foi publicado o primeiro minidicionário, em 1977, ele e as sócias haviam sido inicialmente excluídos. Só que Aurélio rapidamente reconheceu o erro e levou a editora a fazê-lo. Desta vez, com o contrato com a Ática, o Mestre tomou posição ao lado da Nova Fronteira. A carta de Campelo prossegue:

> *Deverei lembrar sua orfandade, nos idos de 1969, quando a Delta rescindiu o contrato, quitando-lhe o escritório e a equipe? Recordar-lhe então de quem foi que, bandeira em punho, levantou numerário para o feijão-com-arroz do dia-a-dia e para o corte-e-costura do brilho da noite? Deverei falar de quem foi insuflar ânimo em todos os quadrantes da rosa dos ventos para a navegação descobridora do dicionário? À maneira das Catilinárias, não nomearei aquele que jamais trastejou na trajetória a que leal e abertamente se traçou. Assim como também não recordarei que o dicionário foi prometido para dentro de um ano, ou seja, em 1970 – mas que só ficou pronto, na marra, arrancado a fórceps, em 1975. Deverei memorar quem bancou isso, mansamente doido?*

O caso terminou com uma desistência judicial da Nova Fronteira, em 1985, com Sérgio Lacerda aceitando a mediação de Paulo Mercadante, reconhecendo o erro e pagando tudo o que fora reivindicado por Campelo, Margarida e Elza. Era a segunda rusga entre Aurélio e Campelo. Depois disso, os dois estiveram juntos pouquíssimas vezes, e a relação se rompeu definitivamente.

A mágoa de Campelo se acentuou ainda mais porque, no prefácio da primeira edição, Aurélio cita 43 nomes de pessoas que lhe concederam "achegas" durante o trabalho, que foram determinantes para a obra. E, entre os nomes, não consta o de Joaquim Campelo Marques. Apenas, em outro pequeno texto, uma rápida menção aos assistentes da J.E.M.M.

Em 1985, Campelo se mudou para Brasília a convite do amigo de infância José Sarney, que assumira a Presidência da República após a morte de Tancredo Neves, em 21 de abril. Campelo iria ajudar na redação e na revisão dos discursos e textos presidenciais, e passaria a acompanhar apenas de longe as atualizações do "Aurélio". A sensação que sempre teve era de que Aurélio e Marina Baird nunca se conformaram com sua participação nos royalties. A primeira edição teve 15 reimpressões e vendeu mais de um milhão de exemplares até 1987. Àquela altura, era lançada com capa nova, toda preta, a "2ª edição revista e ampliada", como aparecia escrito em letras grandes.

Esta segunda edição chegou às livrarias com 115.243 verbetes. O "Minidicionário Aurélio" também seguia como um sucesso, principalmente para estudantes. As vendas já passavam de 800 mil exemplares e, em 1985, para a segunda edição, um novo contrato de distribuição havia sido assinado. Desta vez com a empresa paulista Ibep – Instituto Brasileiro de Edições Pedagógicas. O Ibep pertencia ao deputado malufista Jorge Yunes e ao empresário Paulo Marte. Segundo Carlos Augusto Lacerda, o bom desempenho nas vendas do "Míni Aurélio" continuou até meados dos anos 90. Em 1980, o Ibep assumiu o controle da tradicionalíssima Companhia Editora Nacional, e, em 1990, chegou a representar o total de 45,5% das compras do Programa Nacional do Livro Escolar, do Ministério da Educação. Um esquema informal parecido com o das grandes empreiteiras com o governo.

Em 1986, foi lançado ainda o "Aurélio escolar", específico para estudantes, porque incluía gramática, e, em 1989, logo após a morte do Mestre, um "Míni Aurélio infantil", com ilustrações de Ziraldo. O dicionário havia vendido, em todas as suas versões, até 1989, mais de seis milhões de exemplares, um incrível recorde nacional – perdia apenas para as edições reunidas da Bíblia. Era definitivamente o mais precioso e rentável produto editorial do Brasil.

* * *

Dois meses antes de completar 79 anos, na segunda-feira 27 de fevereiro de 1989, Aurélio Buarque de Holanda acordou no início da madrugada e se queixou de fome à mulher. Tomou água de coco e voltou a dormir. Na verdade, em vez de sono, o Mestre entrou em coma e morreu logo depois, às 2h15, de insuficiência respiratória. Tinha mal de Parkinson desde 1981, não saía mais de casa e, havia dois meses, recusava-se a ir a hospitais, porque sabia que nada lhe poderia ser oferecido. Preferia ficar em seu apartamento, aos cuidados de Marina e de uma enfermeira. Tinha dois filhos – Aurélio Baird Buarque Ferreira, então com 43 anos, professor de química, e Maria Luísa Garavaglia, de 39, casada com o empresário Bruno Garavaglia – e quatro netos.

O corpo de Aurélio Buarque de Holanda chegou à Academia Brasileira de Letras às 6h30, foi velado até as 16h e sepultado no Mausoléu dos Imortais, no Cemitério São João Batista. Joaquim Campelo foi de Brasília ao Rio participar dos funerais, a pedido do amigo em comum José Sarney. O presidente da República se viu impossibilitado de comparecer devido a uma crise política interminável que envolvia seu governo, às vésperas da primeira eleição direta para presidente em 29 anos. Sarney estava também às voltas com o recém-lançado Plano Verão, para combater uma hiperinflação que bateria em 1.764,83% no fim do ano. Um recorde.

PATROCINADOR
Aurélio, entre o escritor Luis Rafael Sánchez, Nélida Piñon, Inah Tavares, Elza e seu pai, Osvaldo Tavares, que nos momentos difíceis pagou a equipe do dicionário

No dia 27 de julho de 1990, a escritora Nélida Piñon foi eleita para substituir Aurélio na cadeira número 30 da ABL. A posse ocorreu no ano seguinte, em 30 de maio. Em seu longo discurso, como é de praxe até hoje, homenageou seu antecessor, lembrando suas origens alagoanas, sua formação intelectual e, claro, o "Novo dicionário da língua portuguesa", o popular "Aurélio":

> *Com pertinácia, noite e dia, Mestre Aurélio persegue o mundo aparentemente inanimado e abstrato dos vocábulos no afã de defini-los. Sua polida sensibilidade amola, afia, esmerilha as palavras. Conciso, descreve-as legitimando suas acepções. Sem perder de vista a superfície poética, a vizinhança do humano que*

as palavras aportam no seu bojo. Espécie de criaturas com as quais engendramos intrigas e fazemos amor.

Na feitura do "Novo dicionário da língua portuguesa", que se enfileira, em importância, ao lado dos "Oxford", "Larousse", "Webster", "Zincarelli", do "Diccionario da Real Academia Española", transita Mestre Aurélio pelos secretos escaninhos do idioma. Para tanto, habitando o silêncio, a penumbra, a cerração, a névoa, as pautas musicais de cada vocábulo. Conferindo sua luminosidade e reverberação.

E para que o "Novo dicionário Aurélio" pudesse ser – o que é hoje de fato – a feliz recolha do rosto brasileiro, o Mestre não ensurdece aos apelos do idioma, que lhe chegavam por meio de escritores, dos marginais, dos políticos, dos rufiões, das festas populares, que lhe ressoavam na lembrança. Com segurança, ele abriga no seu dicionário a insolência do idioma, a escatologia que ele comporta.

Enquanto compila os estados oficiais da língua, sua natural saturação – quer lexical como semântica –, atende igualmente às camadas interditas que, banidas embora na aparência, forram e dão consistência à nossa obscura alma, ao nosso voluntarioso e intransigente desejo.

Esforça-se o Mestre por não assumir compromissos com a moral de salão, imposições teológicas, hierárquicas. Inclina-se, com seus registros, ante a insolvência das instituições políticas e sociais. A palavra é uma chibata, à disposição de quem a reclama.

Mestre Aurélio decide absorver a gíria, que quase não difere fonética, morfológica e sintaticamente da língua ordinária. Ele reconhece que a gíria, fazendo uso de procedimento astuto, dis-

semina-se pelo corpo social de forma a abandonar a esfera grupal onde foi concebida. Assim, o que no princípio era matéria dos iniciados, tratou o "Novo dicionário Aurélio" de acolher. Pois que essas gírias tinham a função de cobrir vazios, expor sentimentos inusitados, radiografar mazelas típicas de uma época.

Por sua origem popular, Mestre Aurélio mostrava-se sensível a tais rogos. Dizia-lhe a intuição qual palavra precisamente teria força persuasiva, ante os contemporâneos, para não vir a ser expulsa da cidade do verbo.

Portanto, mais do que operar com os preceitos do idioma, sabia ele que o coração orientador desta mesma língua pulsava nas ruas, nas praças, especialmente dentro dos textos de criação. Em seus escritores, cujas frases, às vezes, em inspirada síntese, captavam o espírito de uma sociedade.

Na poesia dos longos anos de Mestre Aurélio, ele lutava com denodo e sacrifício pessoal pela sobrevida de cada termo, tendo ao lado a sua equipe de trabalho: Marina, sua mulher; Margarida dos Anjos, Elza Tavares, Stella Moutinho, Joaquim Campelo. Um homem, sem dúvida, fiel e sensível à expressividade que emana das locuções, aos ruídos que as palavras fazem em marcha forçada para reter as realidades humanas. Que nenhum pesar, júbilo, secretos fluidos fiquem sem batismo, conheçam o desterro.

Eis o mistério da fé transfigurado em palavras que escoram a alma popular, a relíquia da memória. Palavras nascidas em algum rincão descuidado, de um Brasil sem fim – reforçadas, porém, nos presépios, nas casas de tapera, sem luz. Centrífuga, aliciante rodamoinho, a palavra vence o tempo, consome gerações em sua impiedosa máquina semântica.

O "Novo dicionário Aurélio", afinal publicado em 1975, pela Editora Nova Fronteira, graças ao descortino de Carlos Lacerda e Roberto Riet, torna-se um tesouro léxico, faz de Mestre Aurélio legenda viva do seu tempo.

* * *

No início dos anos 1990, a revolução digital começava a se impor no Brasil, apesar da Lei de Informática de 1984, restritiva a importações e que criava a chamada "reserva de mercado", tão cara aos governos militares. Mas já se usava o computador pessoal, ou PC (de *personal computer*), e era evidente que a mudança tecnológica estava a caminho. Cora Rónai publicava em 1990 no "Jornal do Brasil" uma página semanal sobre informática voltada para o usuário comum, tratando o computador e as novas tecnologias como bens de consumo duráveis. Não mais se datilografava; digitava-se. Cora lutou para convencer o editor-chefe do "JB", Marcos Sá Corrêa, de que informática seria um assunto de interesse geral em pouco tempo. Deu tão certo que, um ano depois, ela foi convidada por Evandro Carlos de Andrade a produzir sua página em "O Globo", com um salário dez vezes maior e melhores condições de trabalho.

A Editora Nova Fronteira percebeu logo para onde sopravam os ventos e Paulo Geiger foi encarregado da editoração de uma versão do "Aurélio" para computador, o "Aurélio eletrônico". Geiger explica sua tarefa: "A cada vez mais frequente e corriqueira criação de textos no computador suscitou a inevitável ideia, que logo já era necessidade, de programas cada vez mais aperfeiçoados

ENTRE AMIGOS
Aurélio em um dos muitos eventos de que participava: na foto, à direita, o poeta Murilo Mendes e, à esquerda, Paulo Rónai, entre a filha Cora e a mulher, Nora

de tratamento da escrita nessa nova tecnologia: processadores de texto, verificadores e corretores ortográficos e gramaticais. Nada mais natural pensar na continuação deste processo da forma para o conteúdo, ou seja, de um dicionário que se pudesse consultar na tela do computador, à medida que se escrevia".

Paulo Geiger e o então diretor da Nova Fronteira, Carlos Augusto Lacerda, foram à Inglaterra para uma visita de estudos à famosa editora dos dicionários da Oxford University Press, onde conheceram o conceito do Standard Generalized Markup Language (SGML), um sistema que classifica, marca e indexa textos com várias camadas de informação. Isso permitia a busca por qualquer conteúdo de referência, principalmente em textos carregados de tantos tipos e camadas, como os de um dicionário.

O programa SGML utilizado pela Oxford University era canadense, o Author Editor, e logo foi possível idealizar o roteiro do que seria o primeiro grande dicionário digital brasileiro, o "Aurélio eletrônico". O lançamento foi em uma ocasião especial, a Bienal do Livro de 1993, no Rio de Janeiro, e a Nova Fronteira decidiu que o evento marcaria também a terceira edição do dicionário. Foram apresentados os 20 discos flexíveis de 5,5 polegadas. Houve ainda outro evento, no mesmo ano, na Academia Brasileira de Letras, no hall do Edifício Petit Trianon. Na entrada, foram instalados quatro computadores, e os convidados podiam se sentar diante da tela e buscar palavras. Logo, a Microsoft lançaria o Windows, e o "Aurélio" pôde ser utilizado em CDs e, um pouco mais tarde, pela internet e por um aplicativo.

* * *

Em suas longas conversas com amigos e editores, ou nas salas de aula, Aurélio Buarque de Holanda não se cansava de descrever o dicionário ideal, o "Oxford english dictionary" e seus 415 mil verbetes, ou o "Webster" norte-americano. Seu projeto, no entanto, ficara um pouco mais modesto. Passara a sonhar com um dicionário que sistematizasse a língua portuguesa e fosse bastante completo para o uso de escritores, estudantes, advogados, professores e das pessoas comuns, que apenas necessitassem do "pai dos burros". E que garantisse a ele próprio o sustento por meio dos direitos autorais.

O outro grande filólogo do país, Antônio Houaiss, era muito mais ambicioso. Talvez o maior conhecedor da origem das palavras da língua portuguesa, afirmava que o povo brasileiro tinha uma "aquisitividade estupidamente baixa". Ou seja, Houaiss achava que um dicionário teria que ser um monumento como o "Oxford", mas que nenhuma editora do Brasil poderia bancar o projeto, porque a simples venda em livrarias não seria suficiente para arcar com os custos industriais.

Houaiss sonhava, desde os anos 50, com um grande tratado de unificação do idioma com Portugal e os outros países de língua lusitana. Sua pretensão, segundo o jornalista e escritor alagoano Luiz Gutemberg, pode ser medida pela tradução que ousou fazer em 1966 do romance "Ulisses", do irlandês James Joyce, em que introduziu palavras como *belzebulenga*, a língua do diabo. Houaiss não era um artista, um poeta, um romancista, um homem dado a abstrações, mas estritamente um linguista e lexicógrafo, e por isso o resultado de sua tradução de "Ulisses" foi considerado ruim por boa parte da crítica. Impenetrável para leitores comuns. Nada a ver com a obra de arte original. Era carregada de neologismos, com um texto pernóstico e inacessível. A brincadeira corrente na época era que seria mais fácil para um brasileiro ler o "Ulisses" no original inglês. Mas, diferentemente do que costumava fazer Aurélio, Houaiss cumpriu rigorosamente o prazo de um ano. Em exatos 12 meses, o editor Ênio Silveira, da Civilização Brasileira, recebeu pronta em sua mesa a tradução do livro.

Menos de um mês depois do lançamento, porém, Houaiss entregou a Ênio uma errata de três páginas datilografadas, que deveria ser distribuída a quem comprara o livro. Uma grande parte das correções foi sugerida a Houaiss pelo escritor baiano João Ubaldo Ribeiro. Apesar da aparência de boêmio, Ubaldo era um intelectual de formação sólida, com cursos na Universidade da Califórnia, em Portugal e na Alemanha, onde colaborou em jornais e revistas; sabia grego e latim, era fluente em pelo menos outros cinco idiomas. Como conhecia o "Ulisses" no original e já tinha a experiência de grande escritor, encaminhou a Antônio Houaiss uma série de sugestões. O filólogo aproveitou todas. Mas nunca deu o crédito ou fez qualquer agradecimento público ao baiano. Por conta disso, Ubaldo passou a carregar uma profunda mágoa de Houaiss.

DICIONÁRIOS VIVOS
Antonio Houaiss, no dia de sua posse na ABL, em 1971, recebe os cumprimentos de Aurélio Buarque de Holanda: os dois maiores filólogos brasileiros

V.
dicionário

[Do latim medieval *dictionariu*.]

S. m. Conjunto de vocábulos duma língua ou de termos próprios duma ciência ou arte, dispostos alfabeticamente, e com o respectivo significado, ou a sua versão em outra língua. [Sin. (bras., pop.): *pai-dos-burros*.] [Cf. *dicionário*, do verbo *dicionariar*] ◊ **Dicionário vivo.** Pessoa de largos conhecimentos, de muito saber.

Talvez o último dos países realmente importantes da Europa renascentista a cuidar da elaboração de um dicionário tenha sido a Inglaterra. Era preciso uma obra que fixasse graficamente o idioma inglês, visto por arrogantes aristocratas como destinado a dominar o mundo. A Inglaterra já ameaçava sedimentar com sua poderosa armada o império onde o sol nunca se punha, sob a mão pesada de Elizabeth I e seus navegadores e corsários, como Francis Drake e Walter Raleigh.

Em plena Idade Moderna, no fim do século XVI e começo do século XVII, quando William Shakespeare publicou sua obra gigantesca, não havia ainda um dicionário da língua inglesa. Apenas pequenos trabalhos sem importância. Italianos, espanhóis, franceses e alemães já tinham cuidado de sistematizar suas palavras – e a Itália nem mesmo existia como país, era um conjunto de cidades-estados. Em 1582, Florença criou a Accademia della Crusca, que 30 anos depois publicaria o pioneiro dicionário da língua italiana, 300 anos antes da unificação do país. Em 1634, sob o absolutismo de Luís XIII, a Académie Française, criada pelo primeiro-ministro, o cardeal Richelieu, apresentou seu pioneiro léxico.

Shakespeare lançou mão do idioma de forma ousada e criativa, inventou palavras e termos, sem qualquer obra de referência ou balizamento linguístico, léxico, semântico ou ortoépico. Não havia livro que lhe pudesse orientar sobre a correção ou propriedade do uso de uma palavra incomum, de uma expressão inusitada, ou até mesmo de nomes corriqueiros. Não havia, enfim, um dicionário expressivo da língua inglesa. Além de dramaturgo e poeta genial, Shakespeare foi um inovador, um criador do idioma.

O inglês naquela virada de século era já uma língua internacionalizada, falada e escrita, mas não fixada, sistematizada. Outros grandes escritores, como Francis Bacon e Christopher Marlowe, escreveram sem "uma bússola para guiá-los pelo oceano das palavras", sem livros ou dicionários que lhes informassem se a escolha e o uso de uma palavra estavam exatos e os vocábulos, escritos corretamente. Eles foram os criadores do inglês culto.

A tentativa mais ousada de criar um dicionário da língua inglesa veio no século XVIII, sob a batuta de um mestre-escola com grande prestígio como crítico teatral e literário chamado Samuel Johnson, que compôs "A dictionary of the english language". Johnson foi convidado para a tarefa por um grupo de cinco livreiros de Londres que o reconheciam como um mestre, o único capaz de enfrentar o desafio. Um trabalho gigantesco. Mas a intelectualidade dominante da Inglaterra queria ainda mais. E cresceu, naquele momento, a polêmica sobre a inclusão, em um dicionário inglês definitivo, das palavras chulas, de uso popular. Um dos puristas mais radicais era o autor de "As viagens de Gulliver", Jonathan Swift, irlandês de Dublin, pastor anglicano.

Swift era um liberal, de mente aberta, revoltado com o conservadorismo da sociedade inglesa, mas conservador tratando-se do idioma e defensor de regras rígidas para a fixação da língua. Preferia uma ortoépia pura, bem-educada, um inglês com regras claras e elegantes. "Regras, regras, regras, elas são fundamentais", escreveu. Swift revoltava-se, por exemplo, com o uso em um dicionário de neologismos como *bamboozle*, um verbo popular que significava "tapear"; *uppish*, para classificar alguém arrogante e de nariz em pé; ou com a contração da partícula *not* em associação com verbos para negação, como em *couldn't* em lugar de *could not*. Já Samuel Johnson era contrário a esse tipo de limitação: via o idioma como algo vivo, em permanente mutação, que precisava registrar as mudanças impostas pela vida e pela população mais humilde em seu cotidiano.

Mas não exageremos. Depois de seis anos de trabalho, Samuel Johnson recebeu muitas críticas, de ambos os lados. Uma aristocrata liberal reavivou o debate: protestou pela não inclusão de palavras obscenas que, argumentava, faziam parte da língua viva. Johnson respondeu: "Não, madame, espero não ter sujado os meus dedos. Acho, entretanto, que a senhora andou procurando por elas". O mestre eliminou do seu trabalho mais de 800 palavras, consideradas por ele indignas e grosseiras, como *black guard*, algo como patife. Mas foi condescendente com outras mais vulgares, como o prosaico, mas grosseiro, *fart* (peido). Em uma tradução livre, ele definiu o substantivo como "vento que vem de trás", e o verbo *to fart* (peidar) como "fazer vento pela traseira" (*to make wind from behind*).

Antes de começar sua tarefa, Samuel Johnson aceitou também ser patrocinado e apoiado por Philip Dormer Stanhope, o Lorde Chesterfield, conceituado e rico intelectual londrino, amigo do Papa, de Jonathan Swift e de Voltaire. Porém, o lorde se omitiu durante o trabalho, talvez por não acreditar no resultado nem na qualidade da obra. Garantiu apenas um pequeno estipêndio mensal a Johnson. Quando finalmente foi concluído o dicionário, surgiu para também receber os louros e insinuar que teve participação maior do que a efetiva. Essa postura revoltou Johnson, que se vingou na definição do verbete *patron* (patrono ou patrocinador): "Um canalha que apoia com indolência e é pago com lisonjas". O autor disse mais tarde sobre Chesterfield: "Ensina os princípios morais de uma prostituta com os modos de um professor de dança".

Johnson tinha 37 anos quando pôs mãos à obra. Impôs limites para a extensão do seu trabalho – as obras de Shakespeare, Francis Bacon e Edmund Spenser foram consideradas o ponto mais alto do idioma, e ele não pesquisaria nada que lhes fosse anterior. O trabalho foi publicado em 15 de abril de 1755, com o título "Um dicionário da língua inglesa, no qual as palavras são deduzidas de suas origens e ilustradas em seus diferentes significados por exemplos dos melhores autores e aos quais são prefixadas uma história da língua e uma gramática inglesa, por Samuel Johnson, A.M. (Artium Master), em dois volumes". Johnson lutou e conseguiu que Oxford lhe desse um título acadêmico para acrescentá-lo à capa do dicionário.

Pouco mais de um século depois, porém, já em plena era vitoriana, a intelectualidade queria mais. Em vez de uma seleção de palavras da língua inglesa, como o "Dictionary", de Samuel Johnson, a Sociedade Filológica da Inglaterra se propôs a elaborar uma obra que incluísse todas as palavras identificadas no uso do idioma, mesmo as que nunca houvessem sido escritas até aquele momento. Os intelectuais queriam abranger até as usadas nos Estados Unidos e nas colônias mantidas pelo Império. A ordem era examinar os jornais e revistas publicados na Inglaterra, na ex-colônia americana, além de recrutar quantos voluntários fossem necessários, especialistas em ciências, ofícios, guerras, esportes – toda a atividade humana, enfim. A Universidade de Oxford, com sua distinção acadêmica e poderio financeiro, era a instituição exata para patrocinar a obra. O escolhido como piloto do trabalho, em 1878, foi o professor, lexicógrafo e escritor escocês James Murray, de 40 anos, membro da Sociedade Filológica e professor da Mill Hill School, escola pública de Londres.

Contrato assinado com os representantes de Oxford, Murray publicou, em jornais e revistas da Inglaterra, da América e das colônias, um anúncio de quatro páginas convocando voluntários para o trabalho exaustivo e gratuito de caçar palavras da língua inglesa em todas as especialidades. O anúncio foi pregado ainda em bancas de jornais, bibliotecas e livrarias – todos os locais frequentados por pessoas que trabalhavam com o idioma ou eram leitores inveterados. Montou o seu *Scriptorium*, duas grandes redações adaptadas em velhos galpões, onde se dedicaria pelos próximos 20 anos a sua monumental empreitada. Não precisou de tanto.

Das histórias sobre o trabalho de James Murray, com sua mulher Ada e os filhos, a mais impressionante é a que envolveu um assíduo, preciso e prolífico colaborador. Um certo William Chester Minor, que enviava, por semana, cem páginas de papel caprichosamente manuscritas, principalmente sobre história, medicina, guerras e armamentos. Somente depois de vários anos de trabalho, em 1896, James Murray procurou conhecer pessoalmente Minor. E descobriu que ele era um médico veterano da Guerra Civil norte-americana (1861-1865), trancafiado desde 1880 em um asilo para loucos nos arredores de Londres, por ter assassinado com três tiros um operário de uma fábrica de cerveja, durante um delírio persecutório que havia adquirido em combate. Minor ouviu passos na rua durante a madrugada, saiu armado de seu quarto de hotel e abateu o operário, que julgava ser um ex-combatente que vinha matá-lo. Foi condenado como louco e, sentindo-se culpado, passou a sustentar a viúva e os filhos dela enquanto viveu.

O primeiro volume do dicionário "Oxford" ficou pronto em 1884. Posteriormente, a obra chegou a ter 12 volumes, com 414.825 palavras, e continuou a ser atualizada ao longo das décadas seguintes.

Do outro lado do Atlântico, foi concluído em 1826 e publicado em 1828 o maior dicionário do inglês falado nos Estados Unidos, o "Webster", a outra paixão de Aurélio Buarque de Holanda. Chamou-se "An american dictionary of the english language", de Noah Webster, um advogado, professor e jornalista, formado em direito na Universidade de Yale, mas principalmente lexicógrafo, reformador do idioma e educador. O "Webster" sistematizou todos os termos usados na Bíblia Sagrada (o autor era religioso ao extremo), na Constituição norte-americana, na legislação do país, em documentos históricos e jurídicos, na literatura clássica. Catalogou, por exemplo, o verbo bíblico *loathe*, transitivo, pouquíssimo usado, e que significa odiar, analisar algo ou alguém com ódio ou preconceito, detestar um prato ou uma bebida.

Noah Webster era filho de um grande fazendeiro, nascido em Connecticut ainda nos tempos de colônia, e que não queria saber do ofício do pai. Preferia ler muito, estudar, e chegou à Universidade de Yale aos 16 anos. Concluído o curso, mudou-se para Nova York, onde criou o primeiro jornal diário da cidade, o "American Minerva", que depois se transformou no "Commercial

Advertiser". Escreveu livros didáticos, ensaios políticos e, com a independência dos Estados Unidos, tornou-se um defensor do federalismo norte-americano. Comprou uma briga semelhante à do britânico Samuel Johnson: era a favor do ensino do idioma sem pernosticismo, incorporando expressões usadas pelo povo. Dizia que o inglês deveria ser submetido à soberania popular, assim como a política. Um país soberano precisaria ter seu próprio idioma, de acordo com seu uso pelos cidadãos comuns. Escreveu um livro em três volumes sobre como ensinar inglês nas escolas do ensino básico, "A grammatical institute of the english language", que teve 385 edições.

Webster conseguiu impor modificações na ortografia do inglês norte-americano. Por exemplo, *color* e *favor*, em vez dos britânicos *colour* e *favour*; *center* e *theater*, em vez de *centre* e *theatre*; *defense*, em vez de *defence*; *license*, em vez de *licence*. Trabalhou durante 27 anos para concluir a obra e chegou a aprender, durante o processo, 26 idiomas, vários deles já mortos, para escrever com autoridade sobre as palavras e suas origens. Uma lenda conta que ele, moribundo, pronunciou a frase *"this is my crepuscle"*, que ninguém em sua cabeceira conseguiu entender – crepúsculo era uma palavra ainda desconhecida para definir o fim da vida, diretamente derivada do latim, quando o usual seria *twilight* ou *evening*. Seu grande objetivo com a obra era padronizar a ortoépia norte-americana, que tinha imensas variações de acordo com a região do país.

Publicado em 1828, o "Webster" trazia 70 mil palavras, das quais 20 mil nunca haviam aparecido em dicionários. Noah Webster terminou o trabalho com 70 anos e pagou tudo do próprio bolso. O livro foi inicialmente um fracasso, com apenas 2.500 exemplares vendidos, o que lhe rendeu um enorme prejuízo. Apenas em 1840 o dicionário começou a fazer sucesso, com o lançamento em dois volumes. Para publicar a segunda edição, Noah Webster precisou hipotecar a própria casa.

VI.
epílogo

[Do grego *epílogos*, pelo latim *epilogu*.]

S. m. **1.** Recapitulação, resumo, remate, fecho: "Dói-me muito a morte de Belinha. ... Mas, pensando bem, chego a invejar o trágico epílogo da sua existência" (Eduardo Frieiro, *O Cabo das Tormentas*, p. 276.) **2.** *Teat.* Fala final, escrita para um ou mais atores, e freqüentemente destinada a explanar as intenções do autor e/ou o resultado final da ação dramática. **3.** *Teat.* O último ato ou cena de uma peça. [Cf. *epilogo*, do v. *epilogar*.]

Após a morte de Aurélio, a relação de Joaquim Campelo, morando em Brasília, com Marina Baird Ferreira, Elza Tavares e Margarida dos Anjos permaneceu distante, mas sem abalos ou rusgas durante toda a década de 90. As atualizações e reimpressões eram feitas normalmente, sob a coordenação e a mão de ferro de Marina, e os direitos autorais, respeitados pela Nova Fronteira, bem como a partilha dos royalties estabelecida em contrato entre a editora e a equipe. O crítico teatral Sábato Magaldi, por exemplo, foi convidado por Marina em 1995, logo após tomar posse na Academia Brasileira de Letras, para atualizar os verbetes referentes a teatro. Ao longo dos anos 90, porém, a concorrência no mercado editorial aumentou e o valor dos direitos autorais começou a declinar. Marina protestava, e dizia que a Nova Fronteira passara a ter problemas de distribuição e de pagamento de royalties desde 1998. Sentia-se lesada pela editora.

Na verdade, com o aumento da concorrência, as vendas caíam desde o começo dos anos 90. O filão dos minidicionários estava sendo explorado por outras editoras. A Ática lançou o seu com a assinatura do gramático Celso Luft em 1991. A Scipione publicou outro, em 1996, da escritora Ruth Rocha.

Principal executivo da Nova Fronteira, Carlos Augusto Lacerda, por sua vez, queixa-se de que a Editora Objetiva, que trabalhava desde 1997 na elaboração do "Dicionário Houaiss", obteve substancial apoio econômico do governo, via BNDES e Ministério da Cultura, graças às boas relações do autor com o então ministro Francisco Weffort, com o vice-presidente Marco Maciel e com o embaixador do Brasil em Portugal, Jorge Bornhausen. O mesmo apoio teria sido negado à Nova Fronteira para o lançamento de uma nova edição do "Aurélio". "A Objetiva precisou investir apenas em produção, divulgação e distribuição. Foram dois pesos e duas medidas", diz Carlos Augusto.

Antônio Houaiss, de quem há pelo menos duas décadas também se esperava um grande dicionário, dera partida no projeto em fevereiro de 1986, quando retornou ao Brasil o amigo Mauro de Salles Villar, professor e lexicógrafo, que morava havia dez anos em Portugal. Como imortal, Houaiss conseguiu uma sala no anexo da Academia Brasileira de Letras, na Rua Santa Luzia, no Centro do Rio, e o trabalho foi iniciado com uma equipe reduzida. A falta de dinheiro e a crise econômica interminável do Brasil, no entanto, interromperam o projeto em 1992.

Só em 1997, com o vigoroso auxílio de Francisco Manoel de Mello Franco, Houaiss e Villar criaram o Instituto Antônio Houaiss e puseram de pé o projeto. Engenheiro civil e autor de sete livros, Mello Franco trabalhara com Houaiss em 1993 no Ministério da Cultura, no governo Itamar Franco, quando foi nomeado presidente do Instituto do Patrimônio Cultural, hoje Iphan. Ele conseguiu o contrato com a Editora Objetiva e o apoio financeiro do governo. Mas o próprio livro informa que houve também ajuda econômica de empresas estatais e privadas como Embratel, Petrobras, CNPq, Instituto de Resseguros do Brasil e Fundação Carlos Chagas de Amparo à Pesquisa do Estado do Rio de Janeiro.

O "Houaiss" foi lançado em 2001, dois anos depois da morte do filólogo, teve mais uma edição impressa e hoje existe apenas na versão on-line. O Instituto Antônio Houaiss funciona no Largo do Machado, no Catete, Zona Sul do Rio de Janeiro.

A situação da Editora Nova Fronteira, sem o mesmo apoio,

melhorou apenas em 2000, quando o Programa Nacional do Livro Didático (PNLD), mantido pelo Fundo Nacional de Desenvolvimento da Educação (FNDE), do Ministério da Educação, começou a cumprir uma decisão de 1998 do então ministro Paulo Renato Souza: cada estudante da primeira à quarta série do primeiro grau do ensino público receberia gratuitamente um dicionário. Não houve licitação. A escolha dos dicionários seria feita por uma comissão de avaliação formada por professores da Universidade Federal de Minas Gerais. O ministro da Educação mostrou dados que indicavam que apenas 4% dos estudantes da Fundescola (Fundo de Fortalecimento da Escola) tinham dicionário em sala de aula.

A Editora Nova Fronteira conseguiu, então, realizar a maior venda de dicionários da história: o governo comprou 11,8 milhões de minidicionários "Aurélio". A comissão de professores da UFMG decidira que o melhor disponível no mercado era o "Novo dicionário da língua portuguesa", o "Aurélio". As aquisições do governo continuariam nos anos seguintes, mas seria necessária uma negociação com o FNDE, que exigiria um desconto no valor do exemplar. O martelo foi batido em torno de 80% do preço de capa para os anos seguintes. O contrato entre a editora e a família de Aurélio previa que os royalties seriam pagos de acordo com o preço real das vendas, e não sobre o preço original de capa, o que é de praxe no mercado editorial em compras de grandes volumes. Mas Marina Baird, seus filhos e o genro, Bruno Garavaglia, não aceitaram e instalou-se uma crise. Foram ao MEC e ouviram um ultimato do FNDE. Ou o desconto era concedido, com execução imediata do contrato, ou a escolha migraria para outro dicionário.

NOVOS RUMOS
Aurélio com a mulher: após a morte do marido, Marina cuidou das atualizações do dicionário, trocou de editora e rompeu com seus colegas de equipe

Segundo a Nova Fronteira, a família de Aurélio Buarque de Holanda recebeu alguns milhões de reais com a enorme negociação de minidicionários ao Ministério da Educação no ano 2000, mas não se conformou com a redução do percentual sobre o preço de capa. Quem estava à frente da editora era Carlos Augusto Lacerda. A família de Aurélio disse que recebera apenas R$ 300 mil da venda milionária, o que sempre foi desmentido pela editora.

Os executivos da Nova Fronteira explicaram, na ocasião, que a distribuição de quase 12 milhões de dicionários para escolas em todo o país, por meio de caminhões, envolvia uma autêntica operação de guerra. Havia gastos com seguro, risco de multas por atrasos na entrega, responsabilidades civis e todas as dificuldades estruturais e logísticas exigidas. As despesas para a editora foram enormes, embora o negócio tenha sido lucrativo para todos.

Os herdeiros de Aurélio começaram então a procurar uma nova editora, já que o contrato com a Nova Fronteira iria se encerrar em 2003. Estariam livres no mercado. "Eles fizeram um autêntico leilão e deram as costas à editora que ajudou a construir a marca 'Aurélio'. Foi um erro acabar com o dicionário impresso", opina Carlos Augusto Lacerda, magoado, ao recordar o período. A escritora Edla van Steen, amiga de Marina Baird, informou à família, na época, que a Editora Global, uma das maiores do mercado, estava interessada e faria uma proposta. Mas isso não aconteceu.

Os nomes de Campelo, Elza, Margarida e Marina permaneceram no expediente do dicionário até junho de 2003, quando finalmente terminou o contrato com a Nova Fronteira. Até aquela data, haviam sido vendidos mais de 15 milhões de exemplares, somando as versões em papel e digital. O maior sucesso editorial brasileiro de todos os tempos.

A família de Aurélio optou por vender os direitos de publicação do dicionário à Editora Positivo, do Paraná, por R$ 5 milhões a título de luvas, mais direitos autorais aumentados para 15% e todas as despesas de publicação a cargo da editora. A Positivo fazia parte da Gráfica e Editora Posigraf, um poderoso grupo que incluía escolas, gráfica, editora e fabricação de computadores. A Nova Fronteira ainda publicou em 2003 "O Aurélio com a Turma da Mônica", assinado por Marina Baird Ferreira e Margarida dos Anjos, mas elaborado pelo filólogo Amir Geiger.

Na avaliação de Carlos Augusto Lacerda, só a Positivo poderia fazer um contrato como aquele com a família de Aurélio Buarque de Holanda. Era uma empresa que trabalhava com vendas de microcomputadores, em que o dicionário viria embutido apenas em versão eletrônica, sem as despesas que acarretariam a publicação de uma maçaroca de quase duas mil páginas. O dicionário seria um produto de prestígio que atenderia a todos os setores em que atuava. Apesar do poderio econômico, a Positivo era uma empresa regional e o "Aurélio" serviria como um trampolim para que adquirisse reconhecimento nacional.

Além de Carlos Augusto Lacerda, outro antigo funcionário da Nova Fronteira, Carlos Barbosa, hoje proprietário da Editora Batel, também tentou convencer a família de Aurélio a manter o dicionário em papel, com o argumento de que era um grande legado à lexicografia brasileira, um monumento, como o "Oxford" e o "Webster", e que não poderia simplesmente desaparecer na versão impressa. Em vão.

* * *

Em maio de 2003, um mês antes do fim do contrato com a Nova Fronteira, sem nada saber ainda sobre as negociações para uma possível mudança de editora, Joaquim Campelo começou a notar o aparecimento de manchas escuras na pele. Às voltas com o trabalho de diretor editorial do Senado, custou a buscar ajuda médica. Ao saber que seu estado poderia ser grave, o amigo José Sarney o encaminhou para o Hospital das Clínicas de São Paulo. Virado pelo avesso por exames rigorosos, o diagnóstico foi o de leucemia. Ficou internado até o fim de junho, foi obrigado a voltar para novos exames, e depois de dois meses saiu milagrosamente curado pelo médico chileno Paulo Dorleac. Só então descobriu as negociações feitas com a Editora Positivo. Soube também que seu nome e o de Elza Tavares haviam sido removidos do expediente do "Aurélio" e que os dois não mais receberiam um tostão sequer de direitos autorais.

Consultado, o Grupo Positivo explicou que a remoção fora uma exigência da família de Aurélio Buarque de Holanda. De acordo com a Positivo, a informação era a mesma de 1982: os nomes de Campelo, Elza e Margarida constavam do expediente por uma benevolência, uma liberalidade de Aurélio e da família, uma simples consideração com antigos colaboradores. Foi a mesma explicação do filho do Mestre, Aurélio Baird Buarque Ferreira. Segundo ele, a reivindicação de Campelo se devia a um ressentimento acumulado desde o lançamento da obra, em 1975. "Ele sempre quis assinar

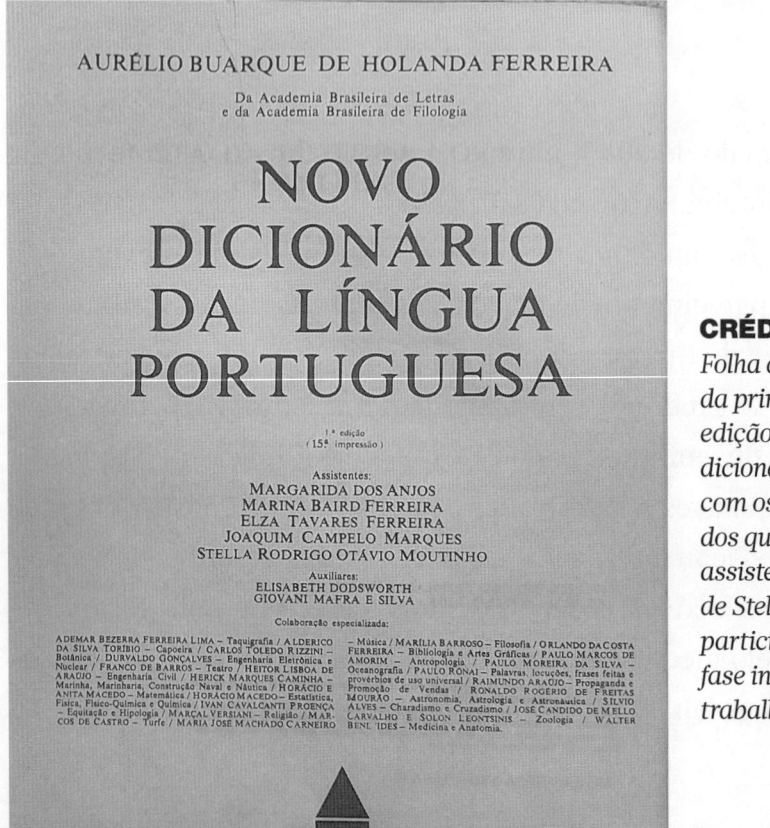

CRÉDITOS
Folha de rosto da primeira edição do "Novo dicionário", com os nomes dos quatro assistentes e o de Stella, que participou da fase inicial dos trabalhos

o dicionário como coautor, ou até mesmo assinar como autor", diz o filho de Aurélio.

Campelo e Elza recorreram mais uma vez à Justiça, em uma longa batalha que durou 12 anos. Os primeiros exemplares publicados pela Positivo foram retidos, *sub judice*. A ação de reparação de danos patrimoniais e morais na 3ª Vara Cível de Curitiba requeria indenização, apreensão de obras e proibição de publicação de novas edições. Para enorme decepção de Campelo e Elza Tavares, a colega de mais de 30 anos de saga Margarida dos Anjos ficou ao lado da viúva Marina Baird e da família de Aurélio, inclusive como testemunha. Margarida se declarou, ela própria, uma simples colaboradora, sem participação autoral. Tinha refeito a boa relação com Marina e assinado com ela "O Aurélio com a Turma da Mônica", além de artigos em jornais.

A ação, impetrada pela advogada paulista Cristiane Furquim Meyer em nome da empresa J.E.M.M., pedia reparação de danos morais e patrimoniais. Entre os documentos apresentados, a advogada incluiu os longos originais da definição de gírias feitos por Elza Tavares, testemunhos como o da escritora Nélida Piñon e de Cláudio Fornari, e depoimentos de amigos e pessoas que acompanharam o processo de elaboração do dicionário. Cristiane Meyer alegava ainda que a Lei 5.988/73, sobre direitos autorais, em vigor quando foi lançado o "Novo dicionário da língua portuguesa", garantia plenos direitos à J.E.M.M., a empresa criada por Campelo, Elza, Marina e Margarida, com as iniciais de seus nomes. A sentença em primeira instância, da juíza Adriana de Lourdes Simette, em 28 de dezembro de 2009, foi favorável à viúva de Aurélio Buarque de Holanda. Houve recurso ao Tribunal de

Justiça. Um dos desembargadores estava licenciado e foi substituído pela juíza Denise Krüger Pereira, promovida a desembargadora durante o processo. Os outros dois eram Miguel Kfouri Neto e João Domingos Kuster Puppi.

O relatório de Denise Krüger ficou pronto em 13 de outubro de 2011, quando Elza Tavares já havia morrido. A relatora indicou que não existiam provas concretas de coautoria, e que Aurélio Buarque de Holanda Ferreira era o autor único do dicionário. Disse ainda que a editora J.E.M.M. não poderia, como pessoa jurídica, classificar-se como "coautora" nem como titular de direito patrimonial, porque nunca houve contrato de cessão para pessoa física. A decisão judicial estabeleceu que Aurélio era quem tinha o poder de definir o que seria ou não incluído no dicionário, era ele quem revisava e corrigia o trabalho dos assistentes. Não foram encontrados, diz o relatório, registros da obra na Biblioteca Nacional em nome de Joaquim Campelo ou Elza Tavares – apenas no de Aurélio Buarque de Holanda. Denise Krüger confirmou a decisão da primeira instância, que estabeleceu o pagamento de custas processuais pelos requerentes no valor de R$ 16 mil, e sustentou sua decisão nos artigos 11 e 15 da Lei 9.610, de 1998, que substituiu a lei em que se basearam Campelo e Elza.

O longo relatório da doutora Denise, ao citar a lei de 1998, diz que "autor é o que empresta à obra sua personalidade e seu estilo, e o coautor é o que auxilia com prestação de serviços que, por mais relevantes que sejam, não se comparam ao trabalho do autor". Prosseguiu afirmando que "o perfeccionismo de Aurélio atrasou a obra e criou desavenças entre membros da equipe; ele foi responsável pela grandiosidade e pelo sucesso da obra". A magistrada concluiu que o "Novo dicionário da língua portuguesa" não é uma obra coletiva, mas de autor, e que os reivindicantes eram apenas "intervenientes". Quanto ao trabalho de Joaquim Campelo, foi classificado pela relatora como de obtenção de empréstimos para garantir o andamento dos trabalhos, e o de Elza Tavares, como "explicadora de gírias". O voto de Denise Krüger Pereira foi acompanhado pelo do colega Miguel Kfouri.

No entanto, o voto do desembargador João Domingos Kuster Puppi foi completamente favorável a Joaquim Campelo e Elza Tavares. Minucioso, Puppi se deu ao trabalho de, nas férias, percorrer sebos de São Paulo e Curitiba em busca de uma cópia de um exemplar da primeira edição do dicionário. Ele baseou seu relatório na lei sobre direitos autorais mencionada pela advogada Cristiane Furquim, e que vigorava em 1975, data do lançamento do livro. O desembargador estabeleceu indenização por danos morais no valor de R$ 400 mil, a serem divididos igualmente entre Joaquim Campelo e Elza Tavares, bem como o restabelecimento imediato do pagamento de royalties.

Puppi classificou como um "desastroso artifício para retirar direitos dos impetrantes" a referência a eles como "equipe lexicográfica". Disse ainda que "todo o custo financeiro do projeto foi suportado pela J.E.M.M., sem a qual não existiria o dicionário". Acrescentou que, após a morte de Aurélio, os assistentes atualizavam todo o trabalho e permaneceram elaborando verbetes, revisando e dando forma final ao dicionário.

Puppi afirmou em seu voto que "violenta toda a legislação da época" a tese de que o pagamento de direitos autorais a Campelo e Elza seria apenas "uma liberalidade" de Aurélio. E foi além:

DERROTA
Campelo foi à Justiça para continuar recebendo direitos autorais, mas perdeu em todas as instâncias

"Como se tratava de uma tarefa excessivamente complexa, pessoas individuais eram insuficientes e a organização tomou peso prevalente". Puppi baseou boa parte de seu relatório no livro "Direitos de autor e direitos conexos", de Eliane Y. Abrão, publicado pela Editora do Brasil.

A família de Aurélio e a Positivo haviam recuado no início do processo e reincluíram os nomes de Campelo e Elza no expediente, mas com muito menos destaque do que antes. Os royalties, porém, jamais voltaram a ser pagos. Mesmo com o discurso de posse na Academia Brasileira de Letras, em que enalteceu o antecessor Aurélio Buarque de Holanda, a escritora Nélida Piñon, grande amiga de Joaquim Campelo e, principalmente, de Elza Tavares, considera que houve uma enorme injustiça: "Foram mais de 20 anos de devoção, o trabalho de uma vida. Sem Joaquim Campelo e Elza Tavares não haveria o dicionário 'Aurélio'. Eu vi, eu testemunhei a dedicação absoluta deles. Quando não tinham uma editora, eu sei que o pai de Elza, Osvaldo Tavares, bancou o trabalho de todos, deu dinheiro para que continuassem. O que aconteceu foi um escândalo, o direito autoral é sagrado para um escritor". Nélida define como uma traição a Campelo e a Elza a atitude de Marina Baird. E lamentou que Margarida dos Anjos tenha abandonado os antigos companheiros de trabalho e ficado ao lado de Marina. Margarida morreu em 2009.

Com a derrota no Tribunal de Justiça do Paraná, Campelo recorreu ao Superior Tribunal de Justiça, onde perdeu pelo voto contrário do relator Paulo de Tarso Sanseverino, em 12 de maio de 2015. A Terceira Turma do STJ votou por unanimidade em favor do relatório de Sanseverino. Novamente Campelo recorreu, desta vez ao Supremo Tribunal Federal, e mais uma vez foi derrotado. No dia 29 de setembro de 2015, a ministra Rosa Weber considerou em seu relatório que não havia preceito constitucional em favor dos requerentes. O ministro Marco Aurélio Mello não votou, por se considerar impedido, já que é sobrinho de Arnon de Mello, político alagoano amigo de infância de Aurélio Buarque de Holanda.

* * *

Marina Baird, a viúva de Aurélio Buarque de Holanda Ferreira, morreu no dia 27 de setembro de 2015, aos 93 anos. Deixou dois filhos, cinco netos e dois bisnetos.

Metade da Editora Nova Fronteira já estava, desde 2003, sob o controle da Gávea Investimentos, voltada para a recuperação judicial e revenda de empresas em dificuldades, de propriedade de Armínio Fraga, presidente do Banco Central na última fase do governo Fernando Henrique Cardoso. A metade de Carlos Augusto Lacerda foi vendida em 2005 à Editora Ediouro. Com a perda dos direitos sobre o "Aurélio", a Nova Fronteira relançou o dicionário "Caldas Aulete", em uma versão atualizada e ampliada, e hoje o maior dicionário da língua portuguesa, com recursos obtidos pela Lei Rouanet junto a empresas privadas, sob os cuidados de Paulo Geiger. Faturou muito também com o lançamento de um grande sucesso de vendas, "O caçador de pipas", do afegão Khaled Hosseini, lançado em 2003, com tradução de Maria Helena Rouanet. Carlos Augusto Lacerda manteve as obras de referência em sua nova editora, a Lexikon, especializada em livros de gramática e dicionários, como a gramática de Celso Cunha e Lindley Cintra, e o próprio "Caldas Aulete". Logo, porém, se desfez da Lexikon.

O dicionário "Aurélio" continua sendo atualizado pela lexicógrafa carioca Renata Menezes, com acesso apenas via internet e aplicativo, mas já amplamente suplantado em número de verbetes e em atualizações pelas versões digitais do "Caldas Aulete", da Lexikon, e pelo "Houaiss", da Moderna. A última versão impressa do "Aurélio" é de janeiro de 2010, com capa dura e papel-bíblia.

A segunda e última versão impressa do "Houaiss" é de 2009, ainda pela Editora Objetiva, também com capa dura e papel-bíblia, e que incluiu um CD. A obra estava sendo preparada desde 2004, mas o Acordo Ortográfico da Língua Portuguesa foi ratificado em 2008, depois de 18 anos, e tornou quase impossível a revisão de 3.500 páginas, com as devidas correções. O responsável pelo "Houaiss", Mauro de Salles Villar, explicou que "foi um trabalho penoso e complexo, que alterou completamente a micro e a macro estrutura da obra". Foram necessários um ano e sete meses além do previsto, "com técnicas lexicográficas de compressão e síntese de informações", para tornar o livro manuseável, segundo o prefácio do Instituto Antônio Houaiss. Villar diz que 97% dos grandes dicionários do mundo só existem hoje em forma virtual, porque tornaram-se inviáveis novas edições impressas.

Em 2015, houve o processo de separação das editoras Objetiva e Moderna, que pertenciam ao grupo espanhol Santillana. A inglesa Penguin Random House comprou a Objetiva, através da Companhia das Letras, como parte do processo de desnacionalização das grandes editoras brasileiras. Com isso, os direitos sobre o dicionário "Houaiss" ficaram com a Moderna, que era o braço do grupo dedicado a livros didáticos (a Objetiva sempre cuidou de cultura geral). Mas os direitos autorais ainda pertencem ao Instituto Antônio Houaiss, bem como a tarefa de atualizações. A Moderna publicou em 2019 uma nova edição do minidicionário e uma atualização eletrônica.

Joaquim Campelo trabalha como diretor da Editora do Senado Federal e ainda elabora seu próprio dicionário, principalmente durante as noites de insônia.

AGRADECIMENTOS

Meus agradecimentos mais do que especiais vão para o jornalista Gilberto Menezes Côrtes, ex-editor do "Jornal do Brasil", pelos depoimentos que colheu de Cláudio Fornari, Janio de Freitas, Marcos de Castro e Regina Bilac Pinto; para Joaquim Campelo; para Carlos Augusto Lacerda, ex-diretor da Editora Nova Fronteira; e para o filólogo Paulo Geiger, pela paciência e memória apurada. Agradeço ainda às irmãs Cora e Laura Rónai e a sua mãe, Nora, sempre gentis e solícitas.

Este livro não existiria sem a colaboração também de Alfredo Ribeiro, Andreia Nascimento (Editora Moderna), Artur Gondim, Aurélio Baird Buarque Ferreira, Beto Sales, Carla Vasconcellos, Carlos Barbosa (Editora Batel), Cristiane Matheus (Editora Positivo), Cristiane Furquim Meyer, Daniela Duarte (Editora Objetiva), Daniel Aarão Reis, Edla van Steen, Gabriel Goes, Gilsse Campos, Henrique Motta, Heloísa Camargos Moreira, Lourenço Cazarré, Luiz Antonio Mello, Luiz Gutemberg, Marcos Aarão Reis, Margarida Patriota, Maurício Moreira, Mauro de Salles Villar (Instituto Antônio Houaiss), Nélia Marquez Oliveira, Nélida Piñon, Orlando Brito, Paulo César Vasconcellos, Ricardo Vasconcellos, Roberto Feith, Roberto Homem e Rodrigo Nery.

OBRAS DE REFERÊNCIA

AZEVEDO, Carmen Lúcia de; CAMARGOS, Márcia; SACCHETA, Vladimir. *Monteiro Lobato – Furacão na Botocúndia*. São Paulo: Senac, 1997.

FISCHER, Stephen Roger. *A history of writing*. Londres: Reaktion Books, 2001.

GREEN, Jonathon. *Chasing the sun: dictionary makers and the dictionaries they made*. Nova York: Henry Holt and Company, 1996.

HOLANDA, Aurélio Buarque de. *Novo dicionário da língua portuguesa*. Rio de Janeiro: Ed. Nova Fronteira, 1975.

HOUAISS, Antônio. *Dicionário Houaiss da língua portuguesa*. Rio de Janeiro: Objetiva, 2001.

VASCONCELOS FILHO, Marcos. *Marulheiro – Viagem através de Aurélio Buarque de Holanda*. Alagoas: Editora da Universidade Federal de Alagoas, 2008.

WINCHESTER, Simon. *O professor e o demente*. Tradução de Flávia Villas-Bôas. Editora Record, 1999.

CRÉDITOS DAS IMAGENS

Páginas 23, 28, 38, 95, 136 e 180: Reproduções

Páginas 35, 110, 118, 123 e 154: Arquivo pessoal de Nélida Piñon

Páginas 55, 60, 81 e 161: Arquivo pessoal de Aurélio Baird Buarque Ferreira

Páginas 67 e 158: Arquivo pessoal de Laura Rónai

Páginas 73 e 184: Arquivo pessoal de Joaquim Campelo

Página 89: Arquivo pessoal de Beto Sales

Páginas 105 e 177: Arquivo "Jornal do Brasil"

Página 107: Luiz André Alzer

Páginas 126 e 147: Arquivo pessoal de Emer de Mello Vasconcelos

Todos os esforços foram feitos para creditar devidamente os detentores dos direitos das imagens utilizadas neste livro. Eventuais omissões de crédito não são intencionais e serão devidamente solucionadas nas próximas edições, bastando que seus proprietários contatem os editores.

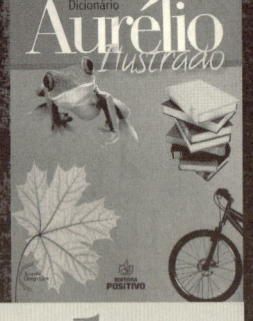

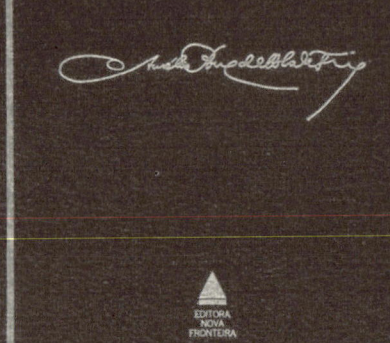

Este livrou utilizou a fonte Glosa e a primeira edição foi impressa
em papel Pólen Soft 80g na Gráfica Rotaplan, em outubro de 2020.
Já o "Aurélio" usou a fonte Times Roman e papel-bíblia. A impressão
foi na Gráfica Primor, entre outubro e dezembro de 1974.